A guidebook for dialect sur

ガイドブック
方言調査

小林 隆／篠崎晃一 編

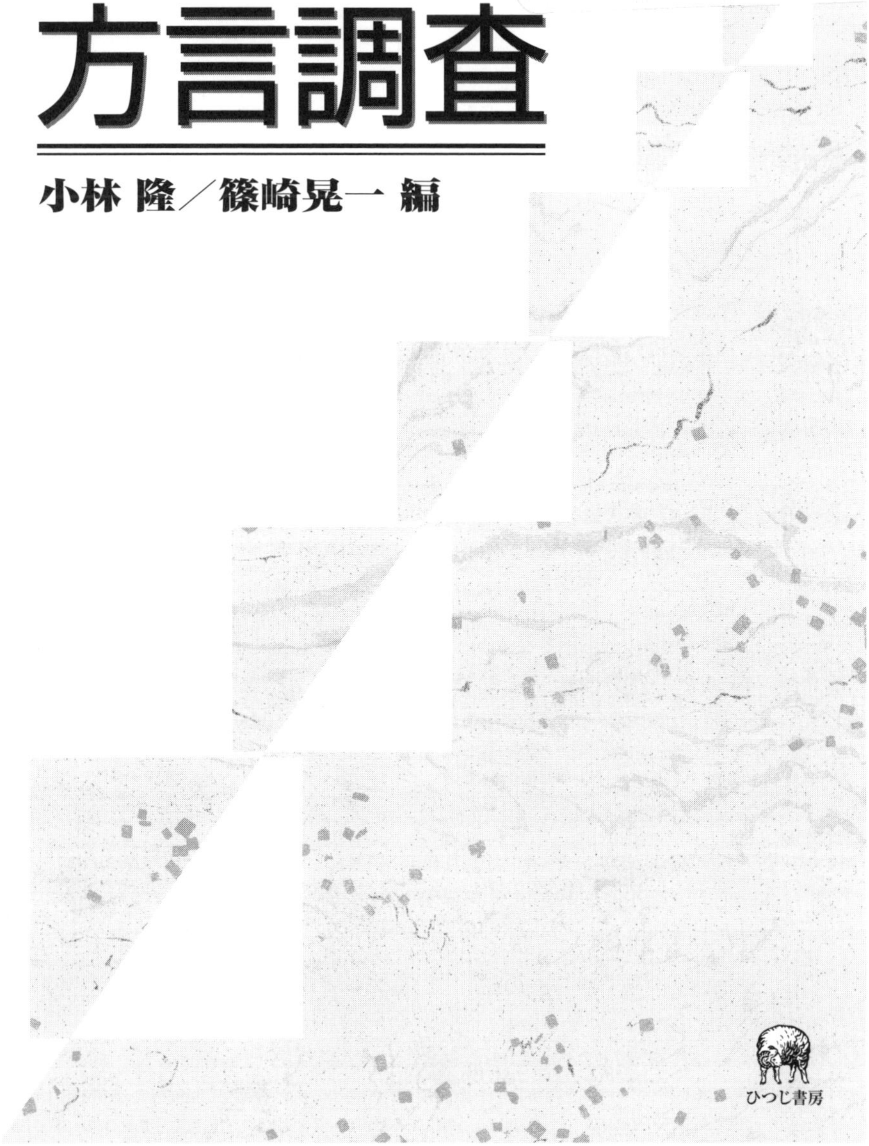

ひつじ書房

執筆者

第1章　小林隆（東北大学教授　*編者）

第2章　木部暢子（鹿児島大学教授）

第3章　半沢康（福島大学准教授）

第4章　三井はるみ（国立国語研究所主任研究員）

第5章　竹田晃子（国立国語研究所非常勤研究員）

第6章　小西いずみ（広島大学講師）

第7章　大橋純一（いわき明星大学准教授）

第8章　篠崎晃一（東京女子大学教授　*編者）

第9章　中井精一（富山大学准教授）

付録：参考になる調査票目録　吉田雅子（国立国語研究所研究補佐員）

はじめに―方言を調べてみよう

　学生のころ、はじめて方言調査に出かけた。郷里で使われる、あることばの分布を知りたくて、単身、調査を決行したのである。山奥の集落からはじめ、谷を下りながら聞き取りを続けた。結果は予想通りとはいかなかったが、おもしろいことがわかった。谷の奥の集落では、おばあさんが、おじいさんに「おまえ」と言って呼びかけていることに気がついた。この「おまえ」は「御前」という語源通り敬意を含んでいる。ところが、谷を下るにつれその敬意は薄れ、海岸の地域では「おまえ」は共通語と同じ、対等以下に対して使うことばになっていた。「おまえ」の意味の歴史的変化が、一本の谷に沿って地理的に展開していたのである。
　このときの発見の感激は今も忘れられない。自分の足で歩き、ことばの真実をつかみとったという思いが強いからであろう。調査の醍醐味は、それを体験した者をすっかりとりこにしてしまう。読者のみなさんにも、こうした方言調査の魅力を味わってもらえればと思う。最初はたいへんそうな気がするが、一度その世界に飛び込んでみると、きっと、方言調査のすばらしさに触れることができるはずである。
　ところで、方言研究の世界では調査ということが研究の基礎として重要な位置を占める。しかし、その方法について取り上げた専門書は多くない。特に、調査の技術面について解説した手引書的なものは、ほとんどないのが現状である。この点は、調査方法の体系化やマニュアル化が進んでいる社会学や心理学などに比べると、たいへん遅れていると言わざるをえない。
　一方、方言に対する学生の関心は高く、調査を行ってみたいという希望は

多い。しかし、専門の教員のいない大学や短大では指導が難しいために、学生は方言調査をあきらめざるをえないという現実がある。また、地方の文化行政担当者からは、地域の方言を調査したいがその方法がわからなくて困るという話を耳にする。伝統方言が消滅の危機に瀕する今日、その記録が奨励されているものの、調査方法の適切な理解がなければ、調査自体がうまくいかない恐れもある。

　本書は、方言研究の置かれている以上のような今日的状況を踏まえ、方言調査の方法を整理し、1冊のテキストにまとめることにしたものである。このガイドブックを読めばひととおり方言調査の方法が理解でき、ひとりでも調査に出かけられる、といったレベルに読者を導くような内容をめざした。その点で本書は、「パソコンの使い方」「料理の作り方」などのハウツウ物と同様の性格を有する。読者が困ったときにすぐに取り出して参照できるようなマニュアルをめざしたのである。どんなに些細なことがらであっても、調査にとって注意を要する点や、初心者が陥りそうな誤りなどを積極的に取り上げるようにした。このマニュアルとしての性格が、本書の最大の特色と言ってよい。

　本書の執筆者には、中堅や若手の研究者を起用した。彼らは、今まさに脂の乗り切ったフィールドワーカーであり、調査に対する感覚が鋭敏なうえに、調査を取り巻く現代的な問題にも目配りが行き届いていると考えたからである。結果は編者の期待通りと思うが、手前味噌であろうか。また、ひつじ書房の松本社長と松原さん、田中さんには、本書のようなマニュアル的なテキストの刊行に理解を示していただき、感謝に耐えない。この新しい試みが、学界の評価を得ることで恩返しとしたい。

　なお、本書は既刊の『ガイドブック方言研究』の姉妹品としての性格を持つ。そちらでは方言研究のさまざまな世界を紹介し、テーマの設定のしかたを解説した。本書とあわせて参考にしていただければありがたい。

　最後に、方言研究を志そうとする人たちにとって、本書が調査のよきガイドを務めることを期待している。

編　者

目　次

はじめに—方言を調べてみよう……………………………………… i

第 1 章　調査ということ……………………………………… 1
   1. 調査の楽しみ ………………………………………………………… 1
   2. 「調査」と「研究」 ………………………………………………… 3
   3. 調査の構想 …………………………………………………………… 4
      3.1. 研究テーマとの整合性 ………………………………………… 5
      3.2. 先行研究の継承性 ……………………………………………… 7
      3.3. 有効性と実現性 ……………………………………………… 11
   4. 調査の社会的側面 ………………………………………………… 16

第 2 章　調査方法を選ぶ…………………………………… 23
   1. 調査方法の概略 …………………………………………………… 23
   2. 調査方法の種類 …………………………………………………… 25
      2.1. 面接調査 ……………………………………………………… 26
      2.2. アンケート調査 ……………………………………………… 27
      2.3. 通信（郵便）調査 …………………………………………… 28
      2.4. 内省調査 ……………………………………………………… 29
      2.5. 自然観察調査 ………………………………………………… 30
      2.6. その他の調査 ………………………………………………… 30
   3. 質問方式の選択 …………………………………………………… 31
      3.1. なぞなぞ式 …………………………………………………… 31
      3.2. 共通語翻訳式 ………………………………………………… 32
      3.3. 読み上げ式 …………………………………………………… 33
      3.4. 選択式 ………………………………………………………… 33
      3.5. 確認（誘導）式 ……………………………………………… 34
      3.6. 知覚（perception）調査 …………………………………… 35
   4. サンプル調査と全数調査 ………………………………………… 36
   5. 対象分野に応じた調査方法・質問方式の選択 ………………… 37
      5.1. 音韻の調査 …………………………………………………… 37

- 5.2. アクセントの調査 ………………………………………… 38
- 5.3. イントネーションの調査 …………………………………… 38
- 5.4. 語彙の調査 ………………………………………………… 39
- 5.5. 文法の調査 ………………………………………………… 40
- 5.6. 言語意識の調査 …………………………………………… 41
- 5.7. 言語行動の調査 …………………………………………… 42
- 5.8. 言語生活の調査 …………………………………………… 42
6. 研究方法に応じた調査方法の選択 …………………………… 43
  - 6.1. 記述方言学 ………………………………………………… 43
  - 6.2. 比較方言学 ………………………………………………… 44
  - 6.3. 方言地理学 ………………………………………………… 44
  - 6.4. 社会方言学 ………………………………………………… 45

第3章　調査票を作成する …………………………………… 47

1. なぜ調査票を作るのか ………………………………………… 47
2. どのような調査で調査票を用いるのか ……………………… 48
3. 調査票の信頼性と妥当性 ……………………………………… 48
4. 他記式調査票と自記式調査票 ………………………………… 49
5. 調査項目 …………………………………………………………… 50
   - 5.1. 質問文 ……………………………………………………… 50
   - 5.2. ワーディング（wording） ………………………………… 52
   - 5.3. 回答の形式 ………………………………………………… 55
   - 5.4. 参考語形 …………………………………………………… 57
   - 5.5. フェイスシート …………………………………………… 58
   - 5.6. 項目数 ……………………………………………………… 61
   - 5.7. 項目の配列 ………………………………………………… 62
6. 調査項目以外のページ ………………………………………… 63
   - 6.1. 表紙 ………………………………………………………… 63
   - 6.2. 調査・記入上の注意事項 ………………………………… 63
   - 6.3. 挨拶文 ……………………………………………………… 65
   - 6.4. 自由記述欄、感想欄 ……………………………………… 66
7. 調査票の体裁 …………………………………………………… 66
   - 7.1. 用紙のサイズ ……………………………………………… 66
   - 7.2. 印刷と製本 ………………………………………………… 67
8. 調査票以外の準備物 …………………………………………… 67
   - 8.1. 提示用リスト ……………………………………………… 68
   - 8.2. 挨拶状 ……………………………………………………… 69

8.3.　返信用封筒 ･･･ 69
　9.　予備調査の実施とそれにもとづく調査票の修正 ･････････････ 69

第4章　さまざまな準備 ･････････････････････････････････････ 71
　1.　この章で述べること ････････････････････････････････････ 71
　2.　スケジュールを立てる ･･････････････････････････････････ 71
　　　2.1.　調査研究全体のスケジュール ････････････････････････ 71
　　　2.2.　調査時期 ･･ 72
　　　2.3.　調査期間・調査日程 ････････････････････････････････ 72
　　　2.4.　1日のスケジュール ･････････････････････････････････ 73
　3.　インフォーマントを探す ････････････････････････････････ 74
　　　3.1.　インフォーマントの条件 ････････････････････････････ 74
　　　3.2.　インフォーマントの人数 ････････････････････････････ 76
　　　3.3.　インフォーマントの探し方 ･･････････････････････････ 78
　　　3.4.　公的機関への依頼のしかた ･･････････････････････････ 80
　4.　調査会場を確保する ････････････････････････････････････ 82
　5.　現地情報を収集する ････････････････････････････････････ 85
　6.　調査に必要な持ち物 ････････････････････････････････････ 87
　7.　インフォーマント・協力機関への謝礼 ････････････････････ 90
　8.　調査員と調査の組織 ････････････････････････････････････ 92
　　　8.1.　調査の組織 ･･ 92
　　　8.2.　調査員の訓練 ･･････････････････････････････････････ 93
　9.　調査経費を工面する ････････････････････････････････････ 95
　　　9.1.　調査経費のめやす ･･････････････････････････････････ 95
　　　9.2.　調査経費の獲得 ････････････････････････････････････ 97
　10.　おわりに ･･･ 98

第5章　調査の手引きを作る ･････････････････････････････････ 101
　1.　「調査の手引き」とは（どのような場合に「調査の手引き」が必要か） ･･････ 101
　2.　調査の全体像を把握するために ･･････････････････････････ 102
　3.　調査の概要 ･･ 103
　4.　参加者 ･･ 103
　5.　調査班の構成 ･･ 104
　6.　調査スケジュール ･･････････････････････････････････････ 104

  6.1.　調査スケジュールの作成に必要な情報 ………………………… 104
  6.2.　調査スケジュールの種類 …………………………………………… 106
  6.3.　調査会場の割り当て表を作成する ………………………………… 108
  6.4.　調査者スケジュール表を作成する ………………………………… 110
 7.　調査道具リスト ……………………………………………………………… 111
 8.　調査機材の使用方法 ………………………………………………………… 113
  8.1.　機材数の確認と事前整備 …………………………………………… 113
  8.2.　録音機材の簡易マニュアル ………………………………………… 113
 9.　調査手順の概要・注意点 …………………………………………………… 115
 10.　調査地域・調査会場・交通機関の案内 ………………………………… 117
  10.1.　調査地域の概要 …………………………………………………… 117
  10.2.　調査会場・宿泊先の案内 ………………………………………… 117
  10.3.　交通機関の案内 …………………………………………………… 120
 11.　インフォーマント一覧 …………………………………………………… 120
 12.　各種連絡先 ………………………………………………………………… 122
 13.　おわりに …………………………………………………………………… 122

第6章　調査に臨む …………………………………………………………… 125

 1.　この章で述べること ………………………………………………………… 125
 2.　出発直前の準備 ……………………………………………………………… 126
 3.　調査期間中の服装 …………………………………………………………… 126
 4.　調査地へ入る ………………………………………………………………… 127
  4.1.　調査地までの交通手段 ……………………………………………… 127
  4.2.　到着後の情報収集 …………………………………………………… 128
  4.3.　協力機関へのあいさつ ……………………………………………… 128
  4.4.　調査本部の設置 ……………………………………………………… 129
 5.　調査前の最終確認 …………………………………………………………… 130
 6.　調査会場での調査 …………………………………………………………… 131
  6.1.　調査会場の設営 ……………………………………………………… 131
  6.2.　会場までの誘導・受付 ……………………………………………… 132
  6.3.　お茶の準備 …………………………………………………………… 133
  6.4.　調査中の撮影 ………………………………………………………… 133
 7.　インフォーマント宅への訪問 …………………………………………… 133
 8.　調査中のトラブル ………………………………………………………… 135
 9.　調査に対する問い合わせ ………………………………………………… 136

10. 調査後に行うこと 138
　　　10.1. 調査後のミーティング 138
　　　10.2. 調査結果の整理・清書 138
　　　10.3. 礼状・研究成果の報告 139
　　　10.4. 督促状 140
　11. おわりに 140

第7章　調査を記録する 143
　1. さまざまな記録方法 143
　2. 文字による記録 144
　　　2.1. IPA（音声記号）表記 144
　　　2.2. かな表記 146
　3. 機械による記録 152
　　　3.1. 録音機材による記録 152
　　　3.2. ビデオカメラによる記録 158
　4. 記録の心得 159
　　　4.1. 記録の環境 159
　　　4.2. 記録の工夫 161
　　　4.3. 人や状況に応じた記録 163
　　　4.4. IPA表記のめざすところ 164
　5. 記録をどう伝えるか 165

第8章　調査の流れに沿って 169
　1. インフォーマントとの対面 169
　2. 調査の開始 171
　3. フェイスシート項目の聞き取り 172
　4. 調査項目の聞き取り 174
　5. 調査中の対処事項 176
　6. 調査の終了 178

第9章　調査結果を整理する 181
　1. 現地での整理—調査票・録音テープの回収 181
　2. 帰ってからの整理 183
　　　2.1. 調査票のファイリングとテープの収納 183

2.2. パソコンで整理する……………………………………… 185
　3. 調査の問題点への対処 ………………………………………… 188

附録　参考になる調査票目録……………………………… 189
　1. はじめに ………………………………………………………… 189
　2. 調査票リスト …………………………………………………… 191
　　2.1. 記述方言学 ………………………………………………… 191
　　2.2. 方言地理学 ………………………………………………… 196
　　2.3. 社会方言学 ………………………………………………… 199
　　2.4. 総合 ………………………………………………………… 201
　3. 調査項目設定の参考資料 ……………………………………… 204
　　3.1. 記述方言学：アクセント調査 …………………………… 204
　　3.2. 記述方言学：語彙調査・文法調査 ……………………… 205
　　3.3. 方言地理学調査 …………………………………………… 205
　4. 学史的に参考となる調査票 …………………………………… 206

索引……………………………………………………………… 208

第1章
調査ということ

1. 調査の楽しみ

　ことばの研究には調査が欠かせない。たとえば、日本語史の研究では、過去の文献資料を調査し用例を採取する。現代語の研究でも、新聞や雑誌を対象に、ことばの使い方を調べる。このように、調査が重要であることは方言の研究にとっても同じである。それどころか、「方言調査」という術語が存在するように、方言研究ではほかの分野に比べて調査の比重が大きい。

　方言調査とほかのことばの調査との違いは何だろうか。それは、「地理」と「人」という2つの要素を持つ点であろう。

　まず、「地理」とは、方言が地理的存在であることによる。地理的存在というのは、方言が、文献のように紙の形で目の前に用意されているものではないということである。また、現代共通語のように1種類の存在ではなく、地域ごとに異なったバリエーションが存在するということでもある。したがって、多くの調査では、知りたい方言が話されている土地まで足を運んで行かなければいけない。さまざまな地域を調査して歩き回る必要もあるだろう。調査のフィールドが遠隔地であったり、広範囲に及んだりする場合には、労力は大きいものとなる。

　また、「人」の要素とは、方言の話者のことである。方言は文献のように書き記されたものから採取されることは少ない。現代共通語ならば自分のこ

とばを内省すればよいが、各地の方言となるとそうはいかない。方言の話し手に会って、直接、その方言について教えてもらう必要がある。しかし、初対面の人を相手に質問を行うことは、文献に対するのと違って気苦労が多いものである。土地の人たちが話す方言を、最初から共通語のように理解することはもちろん難しい。

このように、方言調査は、それが持つ「地理」と「人」という2つの要素のために、ほかの分野の調査にはない独特の苦労を伴う。しかし、一方で、その苦労は、方言調査でしか味わえない楽しみの裏返しでもある。

方言は地理的存在である。自分の知らないことばが日本の各地で話されている。そうしたことばを捜し求めて歩くことは、未知の世界に旅立つようで胸が躍る。また、調査を続けるうちに、まるで、絵巻物を見ているように集落ごとに方言が変わっていく。あるいは、遠く離れているにもかかわらず、2つの土地で同じ言い方が偶然見つかることもある。そうした、方言の変化や一致の発見は調査者に大きな感動をもたらすだろう。それだけではない、雪解けの山々を望み、菜の花の揺れる谷を歩く。黄金色に染まった稲田をわたり、秋祭りでにぎわう鎮守の森を過ぎる。そうした行く先々の風景は、調査者の心に深く刻み込まれ、苦労を癒してくれるものである。

人を相手の調査はたしかに精神的な負担が大きい。これは、初心者であろうとベテランであろうと、実は同じことである。どんなに経験を積んだ調査者でも、現地に入る直前の緊張感はなんとも言えないものがある。しかし、調査が終了してしまえば、たいていの場合、来てよかったと感じるものである。それは、1つには、調査を最後までやり遂げたという達成感のためだろう。最初はうまく回答を引き出せなくとも、あれこれ工夫を重ねるうちに、聞きたかった方言が話者の口からひょっと出る。そのときには、内心、飛び上がりたいばかりに喜びがこみ上げてくる。また、調査のやりとりの中で次第に築かれていく話者との信頼関係も、終了後の満足感を味わわせてくれるものである。見ず知らずの自分を温かく受け入れてくれることに感激し、雑談の中で話者の体験談に胸を打たれることもある。そうした話者との触れ合いが、調査者を成長させる。

こうしてみると、方言調査は、それが持つ「地理」と「人」という要素のために私たちを引きつける。方言調査の楽しみは、方言という存在自体から生まれるものであると言ってもよい。

さて、このガイドブックは、方言調査の方法を解説するために編んだものである。しかし、技術的な話に入る前に、「調査」ということについて、少し根本的に考えてみよう。

2. 「調査」と「研究」

「調査」と「研究」はどう違うのか、という質問を受けることがある。たしかに、方言研究においては調査の比重が大きく、つい同じもののように理解されがちである。しかし、両者は別次元の概念であり、次のように考えるべきである。

まず、調査は研究の一部であると言ってよい。したがって、設定された研究テーマ（課題）にしたがって調査が実施される。調査によって得られたデータは分析にかけられ、研究テーマに対する結論が導かれる。この結論が、また、次の研究テーマを生み出し、あらたな調査の必要が生まれる。

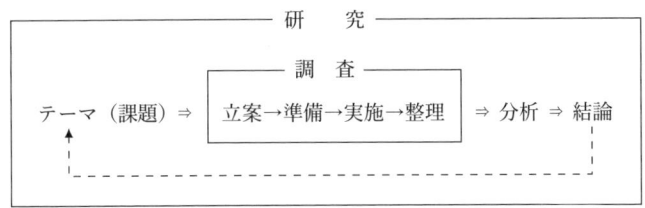

このように、調査は、研究のサイクルに組み込まれた存在であり、「最初に調査ありき」ではない。このことに注意しておかないと、調査のための調査、つまり、目的の不明確な調査に陥ってしまう恐れがある。

調査は、上の図のように、4つの段階に分けて考えることができる。すなわち、「立案」「準備」「実施」「整理」の各段階である。本書の各章は、こ

の4つの段階に対応するように構成されている。それを示せば次のようになる。

【立案】調査ということ（第1章）
【準備】調査方法を選ぶ（第2章）、調査票を作成する（第3章）、さまざまな準備（第4章）、調査の手引きを作る（第5章）
【実施】調査に臨む（第6章）、調査を記録する（第7章）、調査の流れに沿って（第8章）
【整理】調査結果を整理する（第9章）

　このうち、「立案」を除く3つの過程については、次章以降で詳しく解説する。本章では「立案」を中心に取り上げよう。立案の際には、調査の持つ学術的な側面と、社会的な側面の両方に配慮する必要がある。先に学術的な側面を検討し、後で社会的な側面を問題にする。

3.　調査の構想

　上で述べたように、調査は研究テーマによって決まる。したがって、調査を行うときには、その研究テーマ自体が妥当なものであるかどうか、あらかじめ、じっくり考えることが必要である。場合によっては、調査の企画を練りながら研究テーマに立ち帰り、それ自体の意義や必要性を問い直してみるのもよい。なお、研究テーマの設定方法については、『ガイドブック方言研究』の方で扱っているので、そちらを見ていただきたい。
　研究テーマが固まったら、どのような調査を行うか、具体的な構想に入る。その際、次の3つの点から考える必要がある。

(1) 研究テーマとの整合性
(2) 先行研究の継承性
(3) 有効性と実現性

これらの条件を満たすことは、調査の妥当性を保証することにつながる。以下、順に解説しよう。

3.1. 研究テーマとの整合性

　調査の構想は、常に研究テーマとの関連の中で考えていく必要がある。その研究テーマの実現や解決にとって必要な調査は何か、どのような調査を行えば求めるデータが得られるか、いろいろな案を検討し、構想を練り上げていく。この点をおろそかにすると、目的から逸れた調査を行ってしまう恐れがある。

　研究テーマと調査との整合性が図られているかどうかは、次の点をチェックする。

　①なにを調査するか（調査内容）
　②どこを調査するか（調査地域）
　③だれを調査するか（インフォーマント）
　④どのように調査するか（調査方法）

　①から③までは対象の問題である。方言調査といっても、どのような種類のことばを調べたいのか、調査の内容面を確認する必要がある。また、どこの地域の方言なのか、さらにどんな人が話している方言なのか、といった点も検討しなければならない。④は方法の問題であり、①から③の対象に対して、どのようなやり方でアプローチするかを考える。

　具体例を挙げてみよう。たとえば、仙台市方言では、「山サ行く」「ここサ来た」のような格助詞「サ」を使う。この「サ」の用法を明らかにするというテーマを立てたとしよう。

〈研究テーマ〉
　　仙台市方言における格助詞「サ」の用法

まず、上記①の調査の内容面に関して言えば、仙台市方言には、上のような「サ」のほかに、「それは山だサ。」のように使う「サ」も存在する。しかし、形が同じだからといって、このような「サ」も一緒に対象にすることはできない。なぜなら、こちらの「サ」は文末で使用される終助詞であり、格助詞の「サ」とは別物だからである。もし、終助詞の「サ」にまで範囲を広げたとすると、それはもう格助詞の「サ」の研究ではなく、また、調査結果も混乱したものとなってしまう。

　次に、②の調査地域の点で言えば、ここでのテーマは「仙台市方言」である。したがって、当然のことながら、仙台市以外で調査を行っても研究テーマには合致しない。同じ市町村でも、あまりに中心部から外れた地域や、最近合併された地域を対象にするのは疑問である。また、他地域の出身者を調査したのでは、仙台市方言の「サ」について調べたことにはならない。

　続いて、③の、だれを調査するかという点では、共通語化の進んだ若年層から伝統的な「サ」の用法を聞き出そうとしても無理がある。方言をよく残している高年層の話者を探すべきだろう。もっとも、現代的な「サ」の用法を明らかにしたい、あるいは、老人と若者の「サ」がどう違うのか知りたい、という目的であれば、若い世代を調査する必要がある。また、仙台市内の地域差に興味があるなら、中心部以外の地域にも範囲を広げなければいけない。

　最後に、④の方法論的な問題は、ここまで述べたような対象（内容、地域、インフォーマント）の問題と相互に関わる。記述方言学の立場から、伝統的な「サ」の用法を記録したいということなら、調査項目を詳細に設定する必要がある。インフォーマントは1人でもよいから、日常的に方言を使う高年層で、内省力の優れた話者を探し出し、面接調査によってじっくり聞き取りを進めなければならない。一方、方言地理学の立場で、仙台市内の地域差を細かく明らかにしたいということなら、調査項目は絞り込み、逆に調査地点の数を増やす必要がある。地点が多すぎて面接調査が難しい場合は、通信調査を使うという選択も出てくる。

　以上のように、研究テーマにしたがって調査の企画を考えていく。上記の

研究テーマ、「仙台市方言における格助詞「サ」の用法」を例に立案した企画の一例を示してみよう。

〈調査の構想（第1次案）〉
　①調査内容：仙台市方言の格助詞「サ」が持つ伝統的な用法を記述する。「サ」がどのような場合に使え、どのような場合に使えないのか、用法の意味的な広がりについて明らかにする（調査時に、終助詞の「サ」が混入しないように注意）。
　②調査地域：仙台市中心部。できれば、青葉区大町や大手町、片平など、古くから仙台の中心であった地域を選びたい。
　③インフォーマント：仙台市生え抜きの高年層1名。伝統的な「サ」の用法を知りたいので、70歳以上で方言の内省力に富んだ人を探す。
　④調査方法：「サ」は共通語の「ヘ」や「に」の用法と似ているので、「ヘ」や「に」についての現代語文法の成果を手がかりに豊富な調査文を作成する。そして、インフォーマントに面接し、それらの調査文を方言に翻訳してもらう方式で、「サ」の意味的な使用範囲を明らかにする。

3.2.　先行研究の継承性

　本書は調査についての参考書だが、「調査をしない」という選択についても述べておこう。というのも、調査は必要に応じて実施すべきであり、やみくもに行ってよいというものではないからである。調査には相当の労力が必要であり、インフォーマントや協力機関にも少なからぬ負担をかける。しなくてよいものなら、なるべくしないにこしたことはない。
　しかし、解明したいテーマがあるからこそ調査を行う。調査なくしてデータを手にすることはできない。ただし、だれかがすでにその調査を行っていたとしたらどうだろう。その結果が利用できれば、あえて自ら調査をする必要がないことになる。場合によっては、質的にも量的にも、自分が考えた以

上の資料が作成されているかもしれない。

　もちろん、まったく同じ調査がすでに行われているという可能性は低い。しかし、それでも、自分が立てたテーマに関してどのような調査が行われ、どの程度のデータが蓄積されているか把握する必要がある。研究は自分ひとりで行うものではなく、先人の到達点の上に立って展開するものである。先行研究の成果と課題を踏まえれば、自分がどのような調査をなすべきかが見えてくる。また、先行研究を理解したうえで調査の企画を行えば、調査の効率化が図られ、無駄な調査をせずに済むという利点もある。

　それでは、先行研究はどのように調べたらよいだろうか。

　まず、方言研究の全般にわたって、これまでの研究成果をリストアップしたものに、

　　　日本方言研究会編（2005）『20世紀方言研究の軌跡』国書刊行会

がある。特に、記述方言学の分野において、各地でどのような調査報告がなされているかは、この目録を検索するのがよい。ただし、この目録は2001年までが対象なので、新しい研究成果については、国立国語研究所の『国語年鑑』（大日本図書）で補う必要がある。そのほか、日本語学会と国立国語研究所が共同で作成した「国語学研究文献目録データベース」（国立国語研究所のホームページ「国語学研究文献検索」http://www.kokken.go.jp/katsudo/kenkyu-jyo/bunken/）も利用価値が高い。

　各地の方言の研究については、記述調査を中心に、主要な論文の実物が次のシリーズに収められている。利用すると便利だろう。

　　　井上史雄他編（1994〜2001）『日本列島方言叢書』全35巻、ゆまに書房

次に、全国的な規模をもつ調査データについて、主なものを分野別に示しておこう。調査の企画にあたっては、これらの資料に目を通しておくのがよい。

①上野善道編（1989）「音韻総覧」、『日本方言大辞典』下巻、小学館、所収）
②徳川宗賢監修・尚学図書編（1989）『日本方言大辞典』全3巻、小学館
③平山輝男他編（1992〜94）『現代日本語方言大辞典』全9巻、明治書院
④方言研究ゼミナール（1991〜1996）『方言資料叢刊』1〜6巻、私家版

⑤国立国語研究所(1966 〜 74)『日本言語地図』全 6 巻、大蔵省印刷局〈縮刷版 1981 〜 1985〉

⑥国立国語研究所(1989 〜 2006)『方言文法全国地図』全 6 巻、大蔵省(財務省)印刷局

⑦小林隆・篠崎晃一(2004)『消滅の危機に瀕する全国方言語彙資料』科学研究費報告書

　このうち、①②は直接調査されたデータではないが、各地の報告や方言集から情報を集めており、全国各地の音韻と語彙の状況をつかむことができる。③は語彙分野の約 2300 項目について、全国 72 地点を記述的に調査した資料である。記述調査という点では④も同様であり、各巻、特定のテーマについて全国主要地点で行った調査の結果が収められている。

　一方、⑤⑥は方言地理学的な調査データであり、⑤は主に語彙を扱うが、一部に音韻項目や文法項目を含んでいる。⑥は題名から明らかなとおり、文法関係の方言地図である。前者は 300 項目 2400 地点を、後者は 330 項目 800 地点を対象にしている。後者の電子化データは国立国語研究所によって公開されており、利用が可能である。また、前者についても、原資料にあたる調査報告カードの画像データが公開される予定である。⑦は⑤の調査を補完するもので、現在、身体関係の項目についてデータが公表されている。

　方言地理学的な資料については、次に示すような方言地図の目録と、方言地図に取り上げられている項目の目録(主要な語彙のみ)が作成されており、利用できる。

　　大西拓一郎(2002)「主要方言地図目録」馬瀬良雄監修『方言地理学の課題』明治書院

　　小林隆・白沢宏枝(2002)「方言地図項目一覧—主要語彙項目—」同上

このほか、生の談話を録音・文字化した資料として、以下のものがある。

　日本放送協会編(1966 〜 1972)『全国方言資料』(ソノシート版)全 9 巻〈カセットテープ版 1981、CD-ROM 版 1999〉

　国立国語研究所(1978 〜 1987)『方言談話資料』秀英出版

　国立国語研究所(2001 〜刊行中)『ふるさと日本のことば集成』国書刊

行会

これらは、音韻や文法など幅広い研究に対応する基礎的なデータと言える。なお、談話資料についての解説は、次の文献が詳しいので参考にするとよい。

　　井上文子（1999）「談話資料による方言研究」真田信治編『展望現代の方言』白帝社

さて、先に、一例として、「仙台市方言における格助詞「サ」の用法」という研究テーマを掲げ、調査の構想を練ってみた。これを先行研究との関係で考えるとどうなるだろうか。

まず、まったく同じ目的で企画された調査は見当たらないことがわかった。しかし、参考にすべき先行研究はいくつか見つかった。たとえば、上に挙げた『方言文法全国地図』には「サ」に関する地図が9枚あり、仙台市付近の「サ」の用法を大まかにつかむことができた。また、同じ宮城県内の別の地域の調査報告があり、それらを参考にすると、仙台市方言の「サ」は、「移動の目標」用法（「東京サ行く」など）や「移動の帰着点」用法（「東京サ着く」など）では問題なく使えそうだが、「存在の場所」用法（「大学は仙台サある」など）と「変化の結果」用法（「いい天気サなる」など）では、文脈によって使用にゆれが見られることが予想された。また、「サ」は共通語の「へ」や「に」だけではなく、「を」と対応する場合（「兎サ追いかける」など）のあることも推測された。さらに、これも他地域の調査だが、「サ」の用法が若い世代で拡張する傾向を報告するものがあり、仙台市でも世代別の調査がおもしろいと思われた。

こうした先行研究の成果を踏まえることで、調査の構想をより明確で具体的なものに仕上げていくことができる。先に示した調査の構想（第1次案）を、たとえば、次のように修正してみよう（下線部を追加）。

〈調査の構想（第2次案）〉
　①調査内容：仙台市方言の格助詞「サ」が持つ伝統的な用法を記述する。
　　　　　　　「サ」がどのような場合に使え、どのような場合に使えない

のか、用法の意味的な広がりについて明らかにする（調査時に、終助詞の「サ」が混入しないように注意）。意味的には、仙台市方言の場合、「存在の場所」用法と「変化の結果」用法で「サ」が使えるかどうかがポイントになりそうなので、この部分の調査項目を充実させる。同時に、世代別調査も行い、結果を高年層の用法と比較する。

②調査地域：（第1次案と同じ）

③インフォーマント：仙台市生え抜きの高年層1名。伝統的な「サ」の用法を知りたいので、70歳以上で方言の内省力に富んだ人を探す。そのほか、世代ごとの用法の違いを見るために、中年層（50歳代）、若年層（20歳代）、少年層（中学生）も1名ずつ調査する。

④調査方法：「サ」は共通語の「ヘ」や「に」の用法と似ているので、「ヘ」や「に」についての現代語文法の成果を手がかりに豊富な調査文を作成する。また、共通語では「を」を使う位置で「サ」が使用可能な場合があるので、「を」に関する調査文も作る。そして、インフォーマントに面接し、それらの調査文を方言に翻訳してもらう方式で、「サ」の意味的な使用範囲を明らかにする。また、共通語の「ヘ」「に」「を」以外で「サ」が使える場合を見落とさないために、インフォーマントに自由に例文を作ってもらう方式も試みる。

3.3. 有効性と実現性

　研究テーマにとって必要な調査は何かを考え、先行研究を踏まえながら、調査の構想を膨らませていく。ここで、あらたに次の2つの点を確認する必要がある。

a. 調査の有効性
b. 調査の実現性

前者は、その調査によって一定の成果が得られるかどうかという見通しの問題である。後者は、その調査が予定通り行えるかどうかという可能性の問題である。両者は異なる次元のことがらのようにも見えるが、実は密接に関わる問題なので、ここで合わせて解説しよう。

（１）　調査の有効性

　まず、調査を行えば、なんらかの結果を手にできるのは当然のことである。だが、研究テーマにとって、あまり意味のない結果が得られたとしたら、その調査は成功したとは言えない。あらかじめ、「調査の有効性」を保証するような計画を立てるべきである。

　それでは、調査の有効性はどのようにすれば確保できるか。もちろん、研究テーマとの整合性を確認することが基本である。研究テーマから見て、調査内容や調査地域、調査方法は妥当か、あるいは、インフォーマントの属性や人数は適切に設定されているか、などといった点についてあらためて点検しなければならない。

　そのうえで大切なことは、「結果の見通し」を持つことである。この見通しは、先行研究について検討する中で、ある程度は得られてくる。たとえば、前の節の調査構想の事例（第２次案）をご覧いただきたい。そこでは、先行研究をもとに、仙台市方言の「サ」についての調査では、「存在の場所」と「変化の結果」の用法がポイントになりそうなことを予想している。こうした予想があれば、やみくもに膨大な調査項目を用意する必要がなく、質問を特定の部分に集中させることができる。また、老人と若者の違いを先行研究が示唆していれば、世代差調査によってその点を確認することは意味のあることだと言える。

　そうした見通しは、なにも先行研究のみによって得られるものではない。日常の言語生活の中で見聞きすることがら、たとえば、自分の祖父母や隣町の友人といった身近な人たちとの会話の中で、世代差や地域差の存在を知ることができるといった場合もある。これは方言に限ったことではないが、生きた言語を相手にする研究では、日々、周囲のことば遣いに対する観察を怠らないことも大切である。

（2） 調査の実現性

　調査について計画を練る過程では、調べたいことがらが、どんどん増えていくのが普通である。「調査の有効性」を追及していくと、一度の調査で、さまざまな内容を調べてみたくなる。しかし、適度な規模で計画しないと、調査は失敗する恐れがある。最後まで調査をやり遂げられなかったり、慌てた結果、不備の多い調査になってしまったりする場合がありうるからである。簡単すぎる調査からはもちろんよい結果は期待できないが、一方で、「調査の実現性」という観点も重要である。

　調査項目の量をはじめ、インフォーマントや調査地点の数について、それが実行可能な規模のものかどうか、よく考える必要がある。そのとき、調査者の人数についても当然考慮に入れておかなければならない。1人で調べる場合と、多数の調査者が参加する場合とでは、おのずと調査の実現規模が違ってくる。逆に言えば、調査の規模に応じて調査者を組織するということが必要になる。さらに、調査期間や経費も考慮に入れないと、報告の期限までに間に合わないとか、途中で費用が底をついてしまうとかいったことが起こってしまう。事情が許せば、1つの調査を思い切って複数回の調査に分割するということもありうる。

　先の「サ」の調査の事例について見てみよう。前述の調査の構想（第2次案）は、先行研究に基づく見通しを取り込んでいるので、「調査の有効性」の観点からはすでに検討済みであると考える。ここでは、「調査の実現性」の観点から点検してみる。

　まず、調査者である私は調査地の仙台市在住であり、調査旅費がかからない分、経費の面は大丈夫であろう。しかし、調査者は自分ひとりで、夏休みの後半しか時間がとれないという制約があるとしよう。そうなると、あまり欲張った内容の調査は難しい。そこで、調査の主眼は高年層の「サ」の用法の記述に置くことにする。そして、世代差については、高年層との対比で若年層のみを対象とし、中年層と少年層は調査しないことにする、といった選択肢が浮かんでくる。ただし、世代差の調査は、もし、今回の調査で高年層と若年層に顕著な差が現れた場合、次のテーマとして本格的に取り組むこと

を考えてもよいだろう。
　調査の実現性という観点から見直すことで、前述の第2次案は、一例として次のように修正される（下線部が第2次案を変更した部分）。

〈調査の構想（第3次案）〉
　①調査内容：仙台市方言の格助詞「サ」が持つ伝統的な用法を記述する。「サ」がどのような場合に使え、どのような場合に使えないのか、用法の意味的な広がりについて明らかにする（調査時に、終助詞の「サ」が混入しないように注意）。意味的には、仙台市方言の場合、「存在の場所」用法と「変化の結果」用法で「サ」が使えるかどうかがポイントになりそうなので、この部分の調査項目を充実させる。また、若年層の用法も明らかにし、高年層の用法と比較する。
　②調査地域：（第2次案と同じ）
　③インフォーマント：仙台市生え抜きの高年層1名。伝統的な「サ」の用法を知りたいので、70歳以上で方言の内省力に富んだ人を探す。そのほか、高年層との用法の違いを見るために、若年層（20歳代）も1名調査する（本格的な世代別調査は、その結果を見てあらためて企画する）。
　④調査方法：（第2次案と同じ）

（3）　準備調査と本調査
　調査を成功に導くためには、結果の見通しを持つべきだと述べた。この結果の見通しは、研究テーマによっては「仮説」といってよいほどまで明確に提示できるときもある。先行研究が十分に行われており、仮説を組み立てるだけの材料がそろっている場合がそうである。
　たとえば、上記の事例で、「サ」の「存在の場所」用法は、「存在主体の移動性に支配される」という仮説を持ったとする。つまり、存在主体が、人や動物のように自ら移動する能力を持つ場合と、植物や事物のようにそうした

能力を持たない場合との違い、あるいは、本や鉛筆のように簡単に動かすことが可能な場合と、建物や山のように移動させることが不可能な場合との違いが、「サ」の使用を制限している、と考えたとする。それならば、調査においては、この仮説にしたがって、さまざまな移動性を持つ存在主体を主語に据えた調査文を試していけばよいことになる。

しかし、こうした「仮説」を設定できるケースとは逆に、調査の前に、見通しがほとんど立たないといった場合も現実にはあるだろう。そのような状況で調査に臨むのは、無駄が多いし、不安でもある。特に、多数のインフォーマントやたくさんの地点を調べる場合には、見通しのなさは効率の悪さにつながる。

そのような場合には、本調査（本番の調査）の前に、あらかじめ準備調査を行うのがよい。準備調査によって結果の見通しを得、本調査の調査項目を決めていく。また、調査地域やインフォーマント、調査方法の妥当性についても検討し、本調査において、調査の有効性を確保できるように準備する。さらに、調査の実現性の観点からも、準備調査を行ってみることで、さまざまな障害や苦労を体験でき、本調査の規模や方法を見直す手がかりとすることができる。

ところで、準備調査と本調査との関係には、大まかに分けて、「分離型」と「一体型」の2種類がある。「分離型」は準備調査のあと、一定の期間を置いてあらためて本調査を行うもので、それぞれの独立性が強い。一般に、準備調査というのはこれを指す。一方、「一体型」は同じ調査期間に両方を行うもので、準備調査と本調査の境目がはっきりしない場合である。調査期間の初日に準備的な調査を行い、その結果を踏まえて、翌日以降、本格的な調査を実施するといったケースがそれにあたる。場合によっては、調査中のインフォーマントの反応によって、適宜、調査内容を追加したり削除したりする、いわば「考えながら調査する」といった形態もあり、こうなると、準備調査と本調査とは完全に一体化している。この方式は、1人のインフォーマントについて時間をかけて調べる記述方言学の調査によく用いられる。一方、準備調査と本調査とが分離する形態は、方言地理学や社会方言学のよう

に、調査の規模が大きく、本調査を統一した規格で行わなければいけない場合にとられることが多い。

4. 調査の社会的側面

　調査の立案に際しては、学術的な側面だけでなく、その社会的側面に対しても気を配らなければならない。つまり、調査の内容や方法について、それが社会通念から見て妥当なものかどうか、慎重に検討する必要がある。

　最近では、調査者の所属する機関（大学、研究所など）で、事前に調査の計画を点検し、社会的許容性から逸脱する恐れのある調査に対して注意を促すようなシステムを整備する動きがある。もちろん、そうした機関のチェックを待つ前に、その調査が社会的に見て妥当なものであるかどうか、自ら判断できる能力を身につけるべきである。

　さて、社会的側面から見て、調査にとって重要なのは大きく次の3つの事項である。

(1) 協力者との信頼関係の構築
(2) インフォーマントのプライバシーの保護
(3) 調査結果の社会的還元

　以下、順に解説しよう。

(1)　協力者との信頼関係の構築

　調査はインフォーマントや仲介機関の協力があってはじめて成り立つものである。したがって、質問内容をいくら綿密に組み立てたとしても、相手の理解が得られなければ調査は成功しない。インフォーマントや協力機関との信頼関係の構築は、調査の企画にあたって、まず、考えなければいけない点である。

　調査においては、インフォーマントに教えを乞うという姿勢が大切であ

る。これは当たり前のことだが、ともすると相手の協力が当然であるかのような錯覚に陥ることがある。そうしたことを避けるためには、少なくとも次の2つの点を守るようにしたい。

①インフォーマントや協力機関の立場に立って計画する。
②調査者の意図を十分理解してもらう。

　調査はインフォーマントや協力機関にとってたいへんな負担となるものである。したがって、協力する側の立場に立って計画することで、少しでも快く引き受けてもらうことが大切である。たとえば、農繁期に農村地域の調査を行うとか、年度末の多忙な時期に協力機関に多数のインフォーマントの紹介を依頼するといったことは避けなければならない。事前の相談を十分行わず、突然、大量のアンケートを送りつけるといったことも同様である。こうした点は、事前の準備の段階で注意深く検討する必要がある（第4章参照）。また、現地では、インフォーマントに対して節度のある態度で接するとか、地域社会の秩序を乱すような行動を慎むとかいった、いわば常識に添った振舞い方をすることも心がけるべきである。
　その調査がどういう調査であるのか、応ずる側は不安に感じるものである。その点では、調査の目的や内容・方法を、依頼の際や調査をはじめる前に、インフォーマントや協力機関に対して説明しておく必要がある。また、「この調査はなんの役に立つのか」といった調査の根本に関する質問を受けることもある。それを想定して、調査の意図や意義については、自分なりに整理しておかなければならない。もちろん、専門的な説明で煙に巻いたり、逆に、実際の目的から外れるような建て前を述べたりするのではなく、協力者の理解しやすいレベルで誠実に説明することが大切である。その調査が本当に必要なものか、もし協力する側を説得できないとすれば、それは、計画した調査自体を反省する契機にもなる。
　とりわけ、インフォーマントとの信頼関係を築くことは、調査に対する協力的な姿勢を引き出すことにつながる。お互いのやりとりの中で、イン

フォーマントと調査者とが一体となって方言を解明するといった共同意識の生まれることが理想である。

(2) インフォーマントのプライバシーの保護

　方言調査において、インフォーマントから教えてもらう情報には、調査項目に対する回答のほか、その人の氏名や住所、居住暦などのいわゆる「フェイスシート情報」がある。このフェイスシート情報が、特に、インフォーマントのプライバシーに関わる。

　フェイスシートでどのような情報を尋ねるかは第3章で扱うが、質問は慎重に行う必要がある。どのような地域で生活してきたか、職業はなにか、学歴はどうか、そうした点は、個人的な事情によってインフォーマントが答えにくい場合が多々あるものである。これらは、方言調査で一般的にフェイスシートに盛り込まれる項目であるが、慣習上とりあえず聞いておくといった姿勢は好ましくない。調査の目的に添って必要な事項を精選すべきである。その意味では、企画を行う際に、調査の目的とフェイスシート項目との関係について十分検討を加えておく必要がある。

　今、典型的な個人情報にあたるフェイスシート情報について述べたが、調査の内容、つまり、方言についてどのような回答をインフォーマントが行ったか、ということも個人情報に含まれる。その点では、インフォーマントが答えたがらない項目を無理に追求することは避けなければいけない。プライバシーが特に意識される調査内容には卑称やタブーに関わるものがある。相手を卑しめることばや性、排泄などに関する語は、インフォーマントが回答を躊躇することがあるので、質問方法を吟味して取り組む必要がある。また、さまざまな差別に触れることばについても、それが学術上必要な質問であることをインフォーマントに理解してもらったうえで回答を得るように心がける。

　フェイスシート情報にせよ、方言情報にせよ、インフォーマントは自分の答えた内容がどのように利用されるのか、不安に思っている。したがって、まず、調査によって得られた情報は、研究目的以外に利用しないことをインフォーマントに約束しなければいけない。また、どういう情報を、どのよう

な形式で公開するかを伝え、それに対して承諾を得ておくことが望ましい（第4章参照）。

　インフォーマントの個人名を公表するかどうかは調査の内容による。最近では、調査結果から個人が特定されないようにするのが一般的になってきているが、1人のインフォーマントに長時間、さらには長期間にわたって協力してもらう場合、本人の同意が得られれば氏名を公表することがあってよいだろう。そのような調査は、話者から調査者への教示、あるいは、話者と調査者との共同作業といった性格が強く、そうした経緯を明らかにし、謝意を表する必要があるからである。

(3)　調査結果の社会的還元

　調査の結果は、それに特別の問題がないかぎり、論文や報告書のかたちで学界に公表するのは当然のことである。インフォーマントや協力機関の厚意に報いるためにも、得られた成果を研究に役立てることが求められる。調査の結果を放置し、死蔵してしまうことは、研究上問題があるだけでなく、関係者に対して失礼なことになる。

　以上のように、調査結果を研究物としてまとめることは、最低限の社会的還元の方法と言える。しかし、それだけは、研究的な環境にある人々に利益を提供できても、調査に関わった一般の人々への成果の還元にはなりにくい。地元の人々の中には、面倒な調査に付き合わされ、知識や情報を搾取されたという被害者意識を抱くケースもあると聞く。そうしたケースは、そもそも調査自体に問題があり、インフォーマントとの信頼関係が築けなかった場合がほとんどと考えられるが、一方で、調査結果の報告をインフォーマントに対して行うことで避けられる場合もあると思われる。

　また、調査結果の地元への還元は、そのような消極的な理由だけで行うものではない。最近では、方言に対する社会的関心が高まり、地元の方言について知りたいという人々が増えている。また、協力機関として、調査の結果を地元の文化振興のために役立てたいという希望が聞かれることもある。そうした興味や要望に応え、方言に対する関心をさらに高めてもらうためにも、調査の成果はインフォーマントや協力機関に対して提供されることが望

ましい。特に、報告書の類は、教育委員会や地元の図書館などに収めることで、その地域の人たちに広く利用してもらうことが可能になる。協力機関からの要請や賛同があれば、市民に対して口頭で成果を紹介する調査報告会のような企画を行ってもよいだろう。

　もっとも、その場合、研究者に対するのと同様の報告だと、一般の人たちは難しすぎて十分理解ができないという問題がある。専門的な内容を、一般の人たちにもわかりやすいかたちで提供する工夫が必要である。たとえば、報告書のエッセンスをわかりやすくまとめたパンフレットを作り、インフォーマントに配布するといった方法が考えられる。

　卒業論文の場合には学界に報告する義務はないが、その存在だけでも公表しておけば、関心のある研究者が注目してくれる可能性がある。日本で唯一の方言専門学会である日本方言研究会（http://wwwsoc.nii.ac.jp/cdj/）は毎年、全国の卒業論文の目録を作成し発表原稿集に掲載しているので、事務局に連絡するとよい。また、卒業論文の場合にも、お礼の意味を込めて、調査の結果をインフォーマントや協力機関に報告することが望ましい。

　さて、この章では、方言調査の魅力を語り、「調査」ということの根本に関わる問題について考えてきた。基本について理解したところで、次章からは、調査の具体的な方法について見ていくことにしよう。

文献
※ここでは調査の全体に関わる参考文献を挙げる。テーマごとの参考文献は各章に任せる。

飯豊毅一・日野資純・佐藤亮一編(1984)『講座方言学2　方言研究法』国書刊行会
加藤正信編(1985)『新しい方言研究』至文堂
小林隆・篠崎晃一編(2003)『ガイドブック方言研究』ひつじ書房
鈴木淳子(2002)『調査的面接の技法』ナカニシヤ出版
徳川宗賢(1988)「方言の研究」金田一春彦・林大・柴田武編『日本語百科大事典』大修館書店
徳川宗賢・真田信治編(1991)『新・方言学を学ぶ人のために』世界思想社

原純輔・海野道郎(1984)『社会調査演習』東京大学出版会
平井昌夫・徳川宗賢編(1969)『方言研究のすべて』至文堂
藤原与一監修・神部宏泰編(1984)『方言研究ハンドブック』和泉書院
森岡清志編(1988)『ガイドブック社会調査』日本評論社
〈雑誌特集〉
『月刊言語』7-9(1978)「野外調査の言語学」大修館書店
『月刊言語』30-1～12(2001)「方言研究への招待」大修館書店
『日本語学』13-6(1994)「ハンドブック　論文・レポートの書き方」明治書院
『日本語学』17-9(1998)「現代語調査の手段と方法」明治書院
『日本語学』20-5(2001)「日本語の計量研究法」明治書院
『日本語学』23-5(2004)「暮らしの中のことばを調べよう」明治書院
『日本語学』23-8(2004)「現代の質問調査法—アンケートことば学」明治書院

第2章
調査方法を選ぶ

1. 調査方法の概略

　調査の目的を最も正確にかつ効率的に達成するためには、それに適した調査方法を選ぶ必要がある。ちょうど旅行で、さまざまな経路と交通手段の中から、自分の興味と目的に最も適した方法を選ぶのと同じである。この章では、まず、旅行でいうと経路と交通手段にあたる調査方法と質問の方式について述べ、次に対象分野や研究方法に応じた調査方法と質問方法について述べていきたい。

　まず、従来の調査を見てみると、調査方法には以下のようなものが用いられている。

　　面接調査　アンケート調査　通信（郵便）調査　内省調査　自然観察調査

　これらを補う方法に電話を利用した調査がある。近年は情報技術の進歩に伴い、電子メールやインターネットを利用した調査も行われるようになってきた。
　調査方法が決まれば、次は質問方式である。これには以下のような方式がある。

　　なぞなぞ式　共通語翻訳式　読み上げ式　選択式　確認（誘導）式

知覚 (perception) 調査

調査方法と質問方式との間には、ある程度の相関関係がある。たとえば、面接調査では、なぞなぞ式や共通語翻訳式が用いられることが多く、アンケート調査では、選択式が用いられることが多い。また、読み上げ式は、インフォーマントが調査票を読み上げる方式なので、面接調査か内省調査でしか使用できず、確認（誘導）式はほかの方式の補助的手段としてしか用いられない。調査方法と質問方式の関係を表にまとめておこう。

表1　調査方法と質問方式の関係

	なぞなぞ式	共通語翻訳式	読み上げ式	選択式	確認式	知覚式
面接調査	◎	◎	○	○	△	○
アンケート調査	○	○	×	◎	△	○
通信（郵便）調査	○	○	×	◎	△	×
内省調査	×	◎	○	△	×	○
自然観察調査	×	×	×	×	×	×

◎……最もよく用いられる　　○……よく用いられる
△……補助的に用いられる　　×……用いられない

次に、対象分野や研究方法に応じた調査方法と質問方法の選定についてである。対象分野や研究方法はさまざまであるが、本章では以下の8つの対象分野と4つの研究方法を設定した。

対象分野：音韻の調査　アクセントの調査　イントネーションの調査
　　　　　語彙の調査　文法の調査　言語意識の調査　言語行動の調査
　　　　　言語生活の調査
研究方法：記述方言学　比較方言学　方言地理学　社会方言学

これらの対象分野や研究方法には、どのような調査方法が適しているだろうか。詳しくは以下で述べるが、大まかに言えば、音韻、アクセント、イントネーション、語彙、文法のように、ことばの体系に関わる分野の調査には面接調査が適しており、言語意識、言語行動、言語生活のように、ことばの

運用に関わる分野の調査にはアンケート調査が適している。また、記述方言学や比較方言学は、ことばの体系を扱う研究なので、面接調査が多く用いられ、方言地理学や社会方言学は、ことばのバリエーションや運用を扱う研究なので、面接調査かアンケート調査が多く用いられる。

表2　対象分野と調査方法の関係

	面接調査	アンケート調査	通信調査	内省調査	自然観察調査
音韻	◎	△	×	○	○
アクセント	◎	△	×	○	○
イントネーション	◎	△	×	○	○
語彙	◎	◎	○	○	△
文法	◎	◎	○	○	○
言語意識	○	○	◎	△	×
言語行動	○	○	○	△	◎
言語生活	○	◎	○	△	○

表3　研究方法と調査方法の関係

	面接調査	アンケート調査	通信調査	内省調査	自然観察調査
記述方言学	◎	△	△	○	△
比較方言学	◎	△	△	○	△
方言地理学	◎	◎	○	△	△
社会方言学	○	◎	○	△	◎

◎……最もよく用いられる　　○……よく用いられる
△……補助的に用いられる　　×……用いられない

2. 調査方法の種類

　ここでは、先にあげた調査方法について、詳しく見ていこう。調査方法を調査者の介入のしかたにより分類すると、次のようになる。

　（ア）調査者が直接介入する
　　　　インフォーマントと直接対面する … (1)面接調査

　　　　　定まった様式の質問票を用いる …… (2) アンケート調査
　　　　　質問票を郵便で送る ………………… (3) 通信（郵便）調査
　　　　　調査者自身がインフォーマントである … (4) 内省調査
　　（イ）調査者が直接介入しない …………… (5) 自然観察調査
　　（ウ）そのほかの調査 ……………………… (6) 電話を利用した調査
　　　　　　　　　　　　　　　　　　　　　 (7) 電子メールを利用した調査
　　　　　　　　　　　　　　　　　　　　　 (8) インターネットを利用した調査

それぞれについて長所と短所、調査のポイント、留意点を見ていこう。

2.1. 面接調査

　面接調査は方言調査の中で最もオーソドックスで基本となる調査方法である。質問に対する回答がその場で得られ、それを受けてさらに調査内容を充実させることができるのが最大の長所であるが、それだけに調査者の力量が問われる調査でもある。以下に面接調査の留意点を挙げておこう。

　まず、面接調査の最大のポイントは、調査者がインフォーマントとどれだけ信頼関係を築くことができるかである。そのためには、言うまでもなく、調査者が誠実な態度で接することが重要である。調査したいことだけを聞くのではなく、インフォーマントの話に耳を傾けたり、雑談したりすることも大切である。雑談の中では調査のときに出てこなかった語形や発音がひょっこり現れることもあるので、雑談をうまく使いながら調査を進める工夫をしたい。

　次に、調査に入る前に調査の目的をはっきり伝えておく。方言の調査というと、一般には地域特有のことばや俚言の調査をイメージする人が多い。しかし、調査では必ずしもこのようなものばかりを質問するわけではないので、最初に何の調査か、どう回答すればよいのかといった調査の具体的なイメージをインフォーマントに作ってもらう必要がある。そうでないと、インフォーマントがことさら方言独特の表現を思い出そうとして回答に時間がかかったり、目的から外れた回答になったりする。

調査票は、あまり厚くしない方がよい。「分量が多い」という圧迫感を与えないためである。調査項目が多くなる場合には、調査票を数冊に分けるなどの工夫が必要であろう。

調査中は、疑問をうやむやにせず、ある程度、納得がいくまで質問するようにしたい。たとえば、単語Aに現れるaの音と単語Bに現れるbの音が同じか違うか、よくわからない、また、2つの語形の意味の違いがよくわからないという場合、調査後にいくらテープを聞き返しても疑問は解決しない。同じことを何度も質問するのは、インフォーマントに負担をかけることにはなるが、調査者があやふやな態度をとることの方が、インフォーマントに不安感を与え、むしろよくない。インフォーマントと一緒になって疑問を解決し、その達成感を共有することが、信頼関係を築くうえでも重要である。

1回の調査で面接するインフォーマントの人数は、基本的には1人がよい。複数のほうが方言形が出やすい場合もあるが、複数だとお互いに譲り合って回答が消極的になったり、逆に話がはずんで調査が散漫になることがある。また、他人の回答に引きずられて、実際とは異なる語形を回答する場合もある。調査会場の都合で、どうしても複数の人を相手にしなければならないときには、インフォーマント同士の関係（年齢・地位・親疎・姻戚など）を把握したうえで、調査の目的に最も適した人が多く発言するようにしむける工夫をする。また、それぞれの回答が誰のものかも書き留めておく。

調査データの整理は調査の印象が強いうちに、できるだけ早く行う。録音をとった場合でも、調査後すぐにテープ起こしを行うのと、時間がたってから行うのとでは、内容の復元度が大きく異なるので、データの整理は早いに越したことはない。

2.2. アンケート調査

一定の調査項目について質問票を作成し、その様式にしたがって行う調査をアンケート調査という。回答方法には、インフォーマント自身が質問票に記入する「自記（自計）式」と、調査者がインフォーマントの回答を受けて記入する「他記（他計）式」がある。アンケート調査の長所は、様式が定まっ

ているために調査が行いやすく、短期間に大人数の回答を得ることができる点である。一方、短所は、決められた様式以外の情報が得にくい、あまり複雑な内容を問うことができない、面接調査に比べて単調になりやすい、そのため、あまり多くの質問をすることができないなどである。これらのことを考えると、アンケート調査は焦点の絞られた問題について実態や傾向を明らかにしたり、仮説を検証したりする調査に向いている。

　アンケート調査で最も大切なのは、前もって結論の見通しや仮説をしっかり持っておくことである。これによって、質問項目や調査対象者が異なってくる。たとえば、αという語の使用にβという語の使用が関係しているのではないかという見通しを立てたとすると、αだけでなくβの使用に関する項目も質問に入れることになるし、年齢と性別が関係しているのではないかという見通しを立てたとすると、各年齢層の男女、ほぼ同程度の人数を対象として調査を行うことになる。

　次に大切なのは、質問票の作り方である。質問の文章はだれが読んでも何を問われているのか同じ解釈になるように、また、インフォーマントがどう回答すればよいか迷わないように作られていなければならない。回答欄の大きさも回答のしかたに関係するので、質問の意図に見合った大きさを確保する必要がある。

　インフォーマントの人数は、質問内容や回答形式、集計方法にもよるので一概に何人とは言えないが、多いほど結論の信憑性が増すことは言うまでもない。特に、統計処理でデータをカテゴリー別（たとえば年齢別、男女別、地域別等々）に集計する場合は、各カテゴリーの母数が少なくとも 20 ～ 30 以上確保できるだけのデータ量を集める必要がある。

2.3. 通信（郵便）調査

　通信（郵便）調査には調査票を郵便で送り、回答を記入して郵便で送り返してもらう「往復通信調査」と、郵便で調査票を送り、回収は調査者がインフォーマントを訪ねて行う（または最初に調査者がインフォーマントを訪ね、調査票をわたしておき、記入したあと郵便で送ってもらう）「留め置き

調査」がある。

　往復通信調査の長所は、時間と旅費をかけずに大量のデータを得ることができる点である。一方、回収率の予想がつけにくい、インフォーマントがどれだけ質問の内容を理解して回答したかの確認ができない、などの欠点がある。留め置き調査だと、このような欠点はある程度解消できるが、回収に時間と旅費がかかる。

　調査票はアンケート調査に同じく、一定の様式にしたがって作成した質問用紙を使用する。その意味で、通信（郵便）調査はアンケート調査のうちの調査票の送付、回収の手段が通信（郵便）によるものということになる。

2.4. 内省調査

　内省調査は、調査者が自分の方言を内省して報告する調査方法である。自分の都合に合わせて調査ができ、思いつくままに例文を集めることができるので、多くの用例を集めるような調査に向いている。たとえば、各地で出されている方言集には、著者の内省をベースとするものが少なくない。また、共通語に置き換えることの難しい表現、たとえば方言文末詞などの調査にも内省調査は向いている。ただし、1人の内省の結果でその方言の特徴を論じることの危険性や、知らず知らずのうちに、自分の思い描く体系に合わせた内省を行ってしまう危険性をはらんでいる。これを避けるためには、ほかのインフォーマントへの調査や自然観察調査を行って、内省結果を客観化、対照化する必要がある。

　ところで、内省調査は、実は調査の際にだれでも無意識にやっていることである。自分のネイティブの方言の調査ではもちろんのこと、ネイティブでない方言の調査でも、「自分の内省ではこうなのだけれど……」と考えながら調査を進めていくものである。また、そうすることで、調査がよりいっそう深まることになる。その意味で、内省調査はほかの調査の基盤となる調査といってよい。ただし、この場合も上に述べたのと同じ危険性があることに十分、注意を払わなければならない。

2.5. 自然観察調査

　調査者が直接には介入せず、方言話者同士の自由な会話を聞き取ることによって方言データを集めるような調査を自然観察調査という。このような調査は、あいづち、応答、言いよどみ（フィラー）など、会話に特有の現象や、助詞・助動詞など使用頻度の高い語の調査に適している。

　自然観察調査の長所は、文字通り自然という点である。ただし、調査である以上、すべて自然というわけにはいかない。たとえば、話題が見つからずに会話がぎくしゃくしたり、傍らにいる調査者を気にして会話が不自然になったり、共通語的になったりする場合がある。このようなときには「○○について会話をしてください」のようなヒントを与えたり、調査者が一旦退席して、話しやすい雰囲気を作るなどの工夫が必要である。

　自然観察調査の結果をまとめる際には、録音テープの文字起こしを行い、談話コーパスを作成するが、これはかなり大変な作業である。最低でも録音時間の十倍はかかると思った方がよい。ただし、一度作っておくと資料的価値が高く、利用価値も高い。

2.6. その他の調査
(1) 電話を利用した調査

　電話を利用した調査は、たとえば、以前、行った面接調査の結果をまとめる段になって疑問点が出てきたが、再度、面接調査に出掛けるほどの分量でもないというような場合に用いる。手っ取り早い方法ではあるが、インフォーマントにしてみれば心の準備をする間もなく、電話口で突然、調査の場面に引き出されるわけだから、くれぐれも失礼のないようにしたい。

(2) 電子メールを利用した調査

　電子メールの普及に伴い、これを利用した調査が増えてきた。電子メールによる調査は通信（郵便）調査に比べて、調査票を印刷したり封筒に詰めたりする手間がいらず、送信・返信に時間がかからない、コストが格段に安い、回答が電子データで送られてくるので、コピー・ペーストすればすぐにデータ一覧を作成することができるという長所がある。ただし、電子メール

は私的な通信手段という性質が強いので、電子メールで調査を依頼する相手はたいてい知り合いに限られる。逆にいうと、知らない人からアンケートメールが届いても、大半の人は返信しない。そうなると、その回答は有意抽出 (4. 参照) によるものということになるので、統計的な処理には適さないということになる。

(3) インターネットを利用した調査

　インターネットを利用した調査も近年、増えてきた。これには2通りあって、1つはインターネットのホームページを検索エンジンで検索して、指定した語形 (文字列) を含むページを探し当てる調査、もう1つは自分が開設しているホームページに質問票を載せ、それに対する回答をメールで送ってもらうという調査である。第一の調査は一方的に語形を探す調査であるから、文献資料の調査に近い。最近は方言のサイトも増え、また、ホームページ中に方言が使われることも多くなってきたので、この方法でかなりの量の方言データを集めることができる。ただし、ホームページには公的なものから私的なものまで、さまざまな性質のものが混在しているので、どのサイトに掲載された用例か、またどのような文脈で使用された用例かに注意する必要がある。第二の調査は、言い換えればネット上でのアンケート調査である。電子メールによる調査と同じで、手間と時間がかからず、安価で手軽という長所がある一方で、どのような人がどれだけ回答を寄せてくれるか予想がつかず、また、回答の信頼性が判断しにくいといった欠点がある。

　以上のように、電子メールやインターネットを利用した調査には問題点もあるが、大量の新情報を短期間に広い地域から得ることができるという魅力は捨てがたい。問題点を理解したうえで活用すれば、利用価値は高い。

3.　質問方式の選択

3.1.　なぞなぞ式

　絵などを使いながら、「これを何と言いますか。からを背負ってのろのろ

はって歩きます。夏、ことに雨のころ多く見掛けます。」といったなぞなぞを出して「かたつむり」にあたる語を答えてもらう（『日本言語地図』第5集）方式のことをなぞなぞ式という。共通語に引きずられずに方言形を思い浮かべることができ、音声面でも調査者の発音につられることが少なく、自然な発音が出やすいと言われている。

　ところが、ほとんどの人が方言と共通語を使い分けるようになった現在では、なぞなぞ式だと逆に、共通語形が出やすいといった現象が見られるようになってきた。おそらく、知識を問われているという感じがして、共通語を回答してしまうのだと思われる。また、なぞなぞ式には調査に時間がかかり、インフォーマントの精神的負担が大きいという欠点がある。しかし、絵やなぞなぞは、やはり方言調査の有効な手段の1つであることに間違いはない。上の点に注意しながら活用したい。

3.2. 共通語翻訳式

　調査者が共通語で質問し、インフォーマントが方言に訳して答える方式である。質問方法が簡単で、調査の効率がよいのが長所だが、注意しなければならない点も多い。

　まず、インフォーマントが調査者の共通語につられることがないように注意しなければならない。音韻やアクセントの調査は言うまでもないが、文法の調査でもインフォーマントが調査者の共通語につられて、共通語形で回答してしまうケースがある。これに対応するには、調査者がその方言に関する予備知識をしっかりと持っておき、インフォーマントが共通語につられたと思ったら、確認（誘導）式などを用いて、方言形を引き出すように努力することである。

　次に、インフォーマントが質問の意図を正しく理解しているかどうかに注意する必要がある。たとえば、「あざ」と「ほくろ」は共通語では別の語形で表されるが、東北ではこの2つを区別せず、アザという。このような地域で「『あざ』を何と言いますか」「『ほくろ』を何と言いますか」と質問しても、インフォーマントには質問の意味が理解できないということになる。逆

に、方言の方が共通語に比べて意味区別が細かい場合がある。たとえば、共通語の「〜している」を西日本では〜ショル(動作の継続)と〜シトル(結果の継続)の2つで言い分ける。したがって、「『花が散っている』を方言でどう言いますか」という質問は、西日本では2通りに解釈でき、インフォーマントによって回答がまちまちになる可能性がある。

　さらに注意を要するのは、語形が同じで意味がずれている場合である。沖縄方言では「北」のことをニシといい、「西」のことをイリという。もし「『にし』を何と言いますか」と質問したとしたら、インフォーマントは果たしてどちらの方角を思い浮かべるのだろうか。このような極端な例でなくても、共通語と方言とでは意味の枠組みが微妙にずれているのが普通である。インフォーマントが回答しにくそうにしているときは、たいてい、この枠組みのずれに悩んでいるときである。このような場合には、質問の方法をなぞなぞ式や確認(誘導)式に変えてみたりして、見方を変える工夫をしてみる。

3.3.　読み上げ式

　読み上げ式とは、紙に書いた単語や文をそのまま、あるいは方言に直して読み上げてもらう方式の調査である。共通語翻訳式に比べて調査者の発音につられる心配がないので、アクセントの調査に利用されることが多い。しかし、一本調子になったり、不自然な調子になったりするという欠点がある。そのようなときは、雑談や休憩により気分転換を図り、できるだけ日常の発音が出るように工夫する。また、インフォーマントが疲れてくると読み違いが多くなるので、休憩を多めに入れるようにする。

3.4.　選択式

　あらかじめ準備した選択肢の中から1つあるいは複数を選んで回答してもらう方式である。回答者の精神的な負担が少なく、データの集約がしやすいという長所があるが、得られる情報が選択肢の枠内に限られるという欠点がある。これを補うためには「その他」、あるいは自由記入の欄を設け、選択肢に漏れた情報を記入してもらう方法がある。

回答方式には、質問に対して○か×かで回答する「○×方式」、選択肢から１つを選ぶ「択一方式」、複数を選ぶ「複数選択方式」、複数に順位を付ける「順位付け方式」、対をなす標語に尺度を持たせ、その度合いを回答する「SD法（Semantic Differential method）」などがある。

　択一方式で注意しなければならないのは、選択肢の設定のしかたである。たとえば、ある語形の使用実態に関する質問で、「1. 使う　2. 使わない　3. 聞くことはあるが使わない」という選択肢を設けたとしよう。日常生活では3のような状況はよく経験することだが、選択肢の立て方としてはよくない。なぜならば、3は2に含まれるので、2の回答があった場合、3の意味の2なのか、それとも3を含まない2（聞くこともないし使うこともない）なのか、区別がつかないからである。正しくは、2の下位選択肢として、「3. 聞くことはある」「4. 聞くこともない」を置くのがよい。択一方式においては、選択肢同士が排他的にできていなければならないのである。

　複数選択式では、いくつまで選択できるのか、順位付け方式では、何位まで回答するかの指示が必要である。そうでないと、インフォーマントにより回答数に大きな差が出てしまい、集計がしにくくなる。また、順位付け方式やSD法では、インフォーマントの精神的負担が大きくなるということも考慮して、質問の量を調整する必要がある。

　総じて、選択式の調査では、調査後に選択肢の不備が見つかることが多い。上記の注意事項もそうだが、選択肢の内容に関しても、思わぬ事態が起きることがある。たとえば、「かかと」の質問に対して、本来はカガトなのに選択肢のカカトに引きずられてカカトを回答してしまう場合、また逆に、カガトのガが鼻濁音であるため、カガトという選択肢があるにもかかわらず、これを選択しないといった場合である。このような不備をできるだけ小さくするためには、本調査に入る前に予備調査を行い、選択肢を十分吟味することが大切である。

3.5. 確認（誘導）式

　「○○のように言いませんか」「△△のような意味で使用しませんか」のよ

うに、調査者が語形や意味を提示し、インフォーマントに確認してもらう方法を確認(誘導)式という。インフォーマントが回答に行き詰まったときや、勘違いの回答をしたときなどに行うもので、なぞなぞ式や共通語翻訳式など、ほかの調査法の補助的手段として利用される。一度、この方法で確認するとインフォーマントが回答のコツを覚えてくれて、次の質問から回答がスムーズに行くこともあるが、インフォーマントの自由な回答を妨げることにもなるので、多用するのはよくない。以前は「誘導式」という名称が一般的であったが、誘導というと調査者の都合のよい方向へ誘導するといったマイナスのイメージがあるため、最近は確認式と呼ぶようになった。

　確認(誘導)式で難しいのは、確認を出すタイミングである。早すぎると「知っているなら聞かなくてもいいじゃないか」となるし、遅すぎると間が抜けてしまう。また、3.4.の「かかと」と同じように、提示された語形や意味に引きずられて、本来は使用しないものを回答したり、予想以上に厳密に反応して、提示された語形や意味を本来は使用するのに否定してしまうことがある。このようなミスマッチをできるだけ少なくするために、確認(誘導)した場合でも必ずインフォーマント自身に発話してもらうようにする。

3.6. 知覚（perception）調査

　いくつかの音声パターンを聞いてもらい、どのように聞こえるかを回答してもらう方式を知覚(perception)調査という。たとえば、イントネーションの異なるいくつかの音声を聞いてもらい、それぞれがどんな感情を表しているかを回答してもらうといった調査である。

　知覚調査で注意すべきことは、どのような音声パターンを刺激音として用いるかである。録音してきた音声をそのまま使ってもよいが、厳密に調査を行おうと思えば、合成音声を作成する必要がある。上の例で言えば、強さや音色、長さなどは同じでイントネーションのみ異なるような音声パターンを合成し、これらを刺激音として聞いてもらう。そうでないと、インフォーマントがどの要素に反応して回答したか、特定できなくなってしまう。

　知覚調査は、ことばのシステムと人間の知覚がどのような関係になってい

るかを調べるための調査である。知覚が言語変化にどうかかわっているか、知覚に地域差があるかなど、知覚の問題は方言研究にとって新しいテーマを数多く含んでいる。

4. サンプル調査と全数調査

　調査には、インフォーマントをどのようにして選ぶかにより、「サンプル調査」と「全数調査」がある。サンプル調査とは、調査したい対象全体（母集団）から一部分の人をサンプルとして抽出し、この人たちに対して調査を行い、その結果をもとに母集団の傾向や状態を推測する調査である。サンプリングのしかたには2通りある。1つは調査を行おうとする母集団全員の台帳を作成し、その中から等間隔でサンプルを抜き出す「無作為抽出（ランダム・サンプリング）」、もう1つは母集団を代表すると思われるサンプルを調査者が意図的に選ぶ「有意抽出」である。どちらの方法を採用するかは、何を明らかにしたいかによる。たとえば、その地域の古い方言を明らかにしたい場合には、生え抜きで古い方言をよく知っている人を選ぶ必要があるので、無作為抽出よりも有意抽出の方がよい。一方、共通語化の度合い、敬語の使用傾向、方言意識など地域の全体傾向を明らかにしたい場合には、調査結果にかたよりが出ないようにしなければならないので、無作為抽出がよい。

　全数調査とは、ある集落の全員に対して調査を行う調査である。全数調査の最も大規模なものは国勢調査だが、プライバシー保護の考え方が浸透してきた現在では、対象地域をごく狭い範囲に限ったとしても、全数調査の実施はかなり難しくなってきた。これまでの代表的な全数調査に、真田信治の越中五箇山郷の敬語の調査（1973）や柴田武の新潟県糸魚川の調査（1988）などがある。

5. 対象分野に応じた調査方法・質問方式の選択

5.1. 音韻の調査

　音韻の調査は、調査者がインフォーマントの発音を耳で確かめながら行う必要があるので、面接調査が基本である。質問方式は、従来からなぞなぞ式がよいと言われてきたが、3.1. で述べたように、ほとんどの人が方言と共通語を使い分けるようになった現在では、必ずしもそう言えなくなってきた。むしろ、方言と共通語の使い分けができることを利用して、共通語翻訳式となぞなぞ式を組み合わせた方式、たとえば、「『おたまじゃくし』を方言で何と言いますか。『かえる』の子どものことです。」のような質問方式がよいと思われる。

　音韻の調査で難しいのは、いかにして自然な発音を引き出すかである。語形自体が方言形の場合は発音も自然な発音が出やすいが、語形が共通語と同じである場合には、発音まで共通語的になったり、「共通語と同じ」「方言はない」と言って発音してくれないことがある。しかし、語形が共通語と同じでも、発音まで同じとは限らないので、「アクセントも同じですか」「どんな風に使いますか」などのような質問をして、必ず実際に発音してもらうようにする。また、音韻の調査は語彙の調査に比べて単調になりやすいので、途中に雑談や休憩を入れるなどの配慮が必要である。

　音韻に関しては、一般に女性の方が共通語志向が強く、男性の方が方言的発音を残しやすいと言われている。したがって、男女の両方を調査した方がよいだろう。録音の際には、インフォーマントの声と調査者の声がだぶらないように気をつける。特に調査者の質問が終わらないうちにインフォーマントが発音をはじめたり、また、調査者自身もインフォーマントの発話が終わらないうちにあいづちを打ったりすることがあるので、回答の最初の部分と最後の部分は特に注意が必要である。

5.2. アクセントの調査

　アクセントの調査も音韻の調査と同じで、調査方法は面接調査、質問方式は共通語翻訳式となぞなぞ式を組み合わせた方式が適している。ただし、インフォーマントが調査者の発音につられやすいタイプの人や無型アクセント地域の調査の場合は、なぞなぞ式か読み上げ式の方がよい。

　留意点も音韻の調査とだいたい同じだが、音韻の調査に比べてさらに単調になりやすいので、最初に俚言の調査ではなくアクセントの調査であることを十分理解してもらう必要がある。調査項目の配列も工夫が必要である。たとえば、調査項目を五十音順に配列した場合、「雨」と「飴」のような同音異義語が続いて出てくることになるが、敏感なインフォーマントだとアクセントが違うと気づいて、面白がってくれることがある。しかし、逆に語音に引かれてアクセントまで同じになってしまうこともあるので、調査の状況に応じて質問の順序を入れ替えるなどの工夫をしたい。

　アクセントの調査項目は、金田一の類別語彙の各類（1拍名詞1〜3類、2拍名詞1〜5類、3拍名詞1〜7類、2拍動詞1〜2類、3拍動詞1〜3類、形容詞1〜2類）から満遍なく拾うようにする。類別語彙の一覧は、金田一春彦『国語アクセントの史的研究』に掲載されている。また、『国語学大辞典』（東京堂出版）にはこれを簡略化した語彙表が掲載されているので、これらを参考にするとよい。ただし、類別語彙には4拍以上の語や複合語、方言特有の俚言、助詞・助動詞などが含まれていない。このようなものについては、アクセント辞典の類を参考にして、調査票に加える。

5.3. イントネーションの調査

　イントネーションは発話意図や感情に関することを表すので、質問による調査では自然な音調を引き出すことが難しい。驚いたつもりで発音してもらったり、命令のつもりで発音してもらったとしても、それは演技であって、現実の音調と一致するとは限らない。自然観察調査を用いれば自然な音調パターンを抽出することができるが、この場合は発話者がどのような意図や感情で発話したのかを確かめることができない。そうなると、イント

ネーション調査は内省調査によるということになる。ただし、内省調査には2.4.で述べたような問題があるので、内省の結果を面接調査や自然観察調査、知覚調査で確認する必要がある。

　イントネーション調査のポイントは、その方言にどのような種類のイントネーションがあり、それらがどのような表現意図や感情的意味を表すかといったイントネーション・システムを明らかにすることである。共通語に関しては、国立国語研究所(1960・1963)が参考になるが、方言に関しては今のところ、あまり報告がなく、今後の調査報告にまつところが大きい。

　なお、イントネーションといえば従来、文末の音調を対象とした研究が多かったが、句のはじめ（句頭の上昇など）、句の終わり（尻上がり音調、北陸のうねり音調など）、フォーカスとイントネーションの関係などもイントネーションの一部である。これらを含めた総合的なイントネーション調査を行いたい。

5.4.　語彙の調査

　どのような目的で語彙の調査を行うかによって、調査の種類や方法が異なる。語彙体系を明らかにする場合は、単語間の意味の違いを聞き出さなければならないので、面接調査が適している。地理的分布を明らかにする場合は面接調査またはアンケート調査で行う。対象地域が広範囲にわたる場合は通信調査でもよい。

　調査票はとりあえず共通語の枠組みで作成することになるが、3.2.でも述べたように、方言と共通語では意味の枠組みが異なることがあるので、注意を要する。また、語彙はその地域の自然、生活、社会と密接に関係しているので、これらに関する情報も積極的に収集し、できるだけ生活に密着した意味を聞き出すようにしたい。

　併用の扱いにも注意が必要である。併用には、共通語と方言の併用、位相差による併用（舌：シタ〈一般語〉とベロ〈幼児語〉）、文体差による併用（明日：アシタ〈普通の文体〉とアス〈あらたまった文体〉）などがある。併用回答があった場合は、それぞれの語形の使用場面や使用頻度などを確認し、

語形同士の関係を明らかにする必要がある。また、併用を積極的に聞き出すのか、それとも場面を限定して1語形に絞って回答してもらうのかについても、調査前に方針を立てておく必要がある。特に複数の調査員が関係する調査では、ある調査員の調査地点は併用回答が多く、ある調査員の調査地点は単独回答が多いというようなことがないように、事前の打ち合わせが必要である。通信調査や自記式のアンケート調査でも、併用回答に関する方針をあらかじめきちんと立て、これを指示する必要がある。

5.5. 文法の調査

　文法の調査は音韻や語彙の調査に比べて、場面の説明が格段に複雑である。たとえば、動詞の活用形ひとつをとってみても、動作をする人は誰か、その人は尊敬すべき人か、そうでない人か、聞き手は親しい人か、親しくない人かなどによって使われる単語や表現形が異なるのが普通である。これらの場面設定をきちんと理解してもらうためには、調査法は面接調査ということになる。ただし、あらかじめ予想された語形があり、それを使うか使わないか、あるいは、どの語形を使うかというような調査ならば、アンケート調査や通信調査でもよい。また、先に述べたように、文末詞のような共通語に置き換えることの難しい表現は、内省調査が適している。

　ところで、文法の調査では思わぬ反応に出会うことがある。たとえば、動詞の活用形の調査では、過去形や否定形はすぐに回答が出てくるのに、終止形はなかなか出てこないことが多い。これは、過去形や否定形は日常生活で使用する機会が多いのに対し、終止形は使用機会が少ないためである。また、命令形も回答が出にくく、代わりに連用形による命令法や「〜しなさい」にあたる丁寧体の命令法が回答される傾向がある。これらのことからわかるように、インフォーマントの頭の中にあるのは、未然形、連用形……といった文法的枠組みではなく、日常的な場面に応じた表現法なのである。もし、どうしても終止形や命令形を聞き出す必要があれば、終止形や命令形が出やすい場面、たとえば「毎日〜する場合」や「怒って命令する場合」のような場面を設定して、質問しなおすことになる。

以上のように、場面の説明がうまくいくかどうかが文法の調査の最大のポイントになる。インフォーマントによっては、質問に対して自分で臨場感溢れる場面を作り出して回答してくれる人がいる。このような情報は積極的に調査の中に取り込んでいきたい。

5.6. 言語意識の調査

　言語意識の調査には、方言のイメージや共通語のイメージに関する調査、語句のイメージに関する調査、語形や表現が正しいか正しくないかといった規範に関する調査などがある。調査方法は、インフォーマントが回答しやすく、データ処理がしやすい選択式のアンケート調査が適している。イメージの調査では「きれい／汚い」「固い／柔らかい」「明るい／暗い」などの対をなす標語について「大変きれい（固い・明るい）」「ややきれい（固い・明るい）」「普通」「やや汚い（柔らかい・暗い）」「大変汚い（柔らかい・暗い）」の5段階を設け、この中から1つを選んでもらうSD法がよく用いられる。

　言語意識の調査で注意すべきことは、2.2. で述べたように、結論の見通しや仮説をしっかり立てておくこと、誤解が生じない質問票を作成することである。調査内容以外では、インフォーマントの個人情報の保護に細心の注意を払うことが重要である。もちろん、個人情報保護は言語意識だけでなく、すべての調査に当てはまることだが、言語意識の調査では個人のプライバシーに直接関わる内容を質問することが多いので、特に注意が必要である。調査前には、個人情報を厳密に保護すること、調査データは研究以外の目的には使用しないこと、データの管理には細心の注意を払うことをインフォーマントに確認しておく必要がある。また、あまりにも個人的な問題に立ち入った質問は避ける、嫌悪感を与えるような質問をしない、などの配慮が必要である。回答したくない項目には回答しなくてもよいことを説明しておくことも大切である。なお、報告書にインフォーマントの実名を載せるか載せないかは調査の性質にもよるが、最近は話者番号やイニシャルなどで代用させ、実名は出さないことが多い。

5.7. 言語行動の調査

　実際の会話において、ことばがどのように使われるのかを見るのが言語行動の調査である。言語行動には、(1)会話を円滑に進めるための行動、たとえば、ポライトネス(相手の持つポジティブ、ネガティブな態度に対する配慮)、アコモデーション(相手の話し方に合わせたり遠ざかったりする行為)など、(2)談話展開の中で現れる行動、たとえば、あいづち、応答、言いよどみ(フィラー)、発話の順番取りなど、(3)表現効果を高める行動、たとえば、方言コードと共通語コードの切り替え、ふだんのスタイルとあらたまったスタイルの切り替えなど、(4)目的を達成するための行動、たとえば、依頼、感謝、謝罪、勧誘などの表現、等々、さまざまな言語・非言語コミュニケーション行動が含まれる。

　これにより、調査方法も異なる。(1)や(2)は相手の態度に応じて話し手があまり意識せずにとる言語行動なので、自然観察調査が適している。(4)は話し手の方から相手に持ちかける言語行為なので、自然観察調査と同時に面接調査やアンケート調査でも行うことができる。(3)は両方の側面を持つ言語行為で、アンケート調査と自然観察調査の両方が可能である。アンケート調査の場合はコードやスタイルの切り替え意識の調査になり、自然観察調査の場合はコードやスタイルの切り替えの実態調査となる。

5.8. 言語生活の調査

　言語を日常生活の中で総体的にとらえたものが言語生活である。1人の人間の言語活動を総体的にとらえるとすれば、個人の言語行動を長時間にわたって記録し、分析する調査や、生活スタイルと言語との関係に関するアンケート調査などの実施が考えられる。前者の例に、国立国語研究所の「言語生活24時間調査」がある。調査に協力してくれる人がいればこのような調査を行うことも可能だが、かなり特殊な調査になるので、個人で行うには困難な点が多い。後者の例としては、テレビを見る時間、新聞や本を読む時間と言語使用との関係、家族構成と言語使用との関係などをアンケート調査で明らかにするような場合が挙げられる。

一方、地域の言語行動を総体的にとらえるならば、地域の民俗や習慣と方言との関連、地域の日常的な言語行動、たとえば、挨拶行動、待遇表現、買い物や行政窓口、バスの乗り降りの際の言語行動などが調査の対象となる。これらは面接調査やアンケート調査で調べることもできるが、これらの行動には非言語的要素（たとえば、挨拶をするかしないか、2人のうちどちらが先に挨拶するか、身振りを伴うかなど）が大きな役割を果たしている。このことを考えると、自然観察調査を取り入れた調査がよい。

　言語習得や言語教育、たとえば、沖縄の方言札に代表されるような共通語教育・方言の矯正の問題も言語生活の重要なテーマである。これに関しては、学校教育関係の資料を調査すると同時に、関係者に対する面接調査やアンケート調査が主な調査方法となる。近年は方言グッズ、方言イベントのような、方言を地域活性化に活かす企画や、高齢者福祉、医療現場に方言を活かそうという試みが増えてきた。これらについてはまだ報告例が少ないので、まずは、具体例の収集やその効果に関する調査が必要である。具体例については、ある活動に密着して取材する方法や、インターネットを利用して広く情報を収集する方法などがある。また、効果の検証については、関係者や一般市民にアンケート調査を実施するなどの方法が考えられる。

6. 研究方法に応じた調査方法の選択

6.1. 記述方言学

　記述方言学では、必要な項目をできるだけ漏れなく調査し、体系的な記述を行う必要があるので、面接調査が適している。すでに数ケ所で述べたように、共通語と方言とでは体系が必ずしも同じではないが、調査票はとりあえず共通語の枠組みで作成し、それにしたがって調査を進めていく。ただし、共通語を方言に置き換えるだけで終わるのではなく、具体的な場面をイメージして調査を進めていくことが大切である。そうすれば、共通語とは異なる方言の体系が見えてくることがある。

記述研究は方言研究の基本である。どのようなテーマを扱うにしても、問題が方言の体系に根ざしたものでなければ研究に深みが出てこないので、まずはその方言の体系記述をしっかり行っておくことが大切である。

6.2. 比較方言学

2つ以上の方言を比較して方言間に存在する対応関係を見つけ出し、共通する祖形を想定して、それぞれの方言が祖形からどのような過程を経て成立したのかを考えるのが比較方言学である。いかにして対応関係を見つけ出すかが比較方言学のポイントである。対応関係は方言の体系を記述する際に明らかになることが多いので、調査の方法や留意点は記述方言学とだいたい同じである。また、現在進行中の変化の方向性が祖形を想定する際に参考になることがあるので、世代差を調査することも有効である。ただし、外部の影響による変化は祖形の想定には関係しないので、この辺の見きわめが必要である。

6.3. 方言地理学

方言地理学では、ある程度の地理的広がりと地点数を確保する必要がある。時間と旅費、それに人手が許すのであれば面接調査で行うのが理想だが、それが無理な場合は通信調査でもよい。ただし、音韻に関する調査は面接調査が基本である。

方言地理学の調査で重要なことは、地点間、インフォーマント間で回答のしかたに差が出ないようにすることである。たとえば、「とんぼ」の調査において、ある地点では「とんぼ」の総称に当たる語形を答え、ある地点では「とんぼ」の下位分類の「おにやんま」に当たる語形を答えるということがないようにしなければならない。文法でも5.5.で述べたように、文法形式の調査なのか、表現法の調査なのかを混同しないようにしなければならい。特に、調査員が複数にわたる場合は、この問題に関する調査員同士の共通理解をしっかりと作っておく必要がある。

6.4. 社会方言学

　言語と社会との関連にはさまざまなものがあるが、大きくは3種類に分けることができる。1つは言語変異に関すること(話者の社会属性とことばの違いとの関係など)、2つは個人におけることばの使い分けに関すること(場面や相手によることばの使い分けなど)、3つは言語の社会性を扱ったもの(方言の持つ社会的役割など)である。言語変種の調査には面接調査かアンケート調査が、ことばの使い分けに関する調査には5.7.で述べたように、アンケート調査か自然観察調査が適している。また、言語の社会性に関する調査には5.8.で述べたようなさまざまな観点があるので、目的に合わせて調査法を選ぶようにする。

文献

上野善道(1984)「アクセント研究法」飯豊毅一・日野資純・佐藤亮一編『講座方言学2　方言研究法』国書刊行会

荻野綱男(1999)「言語研究と言語データの共有」『日本語学』18-9・18-10　明治書院

荻野綱男(2003)「言語行動の調査法」荻野綱男編『朝倉日本語講座9　言語行動』朝倉書店

金田一春彦(1974)『国語アクセントの史的研究　原理と方法』塙書房

国立国語研究所(1960・1963)『話しことばの文型(1)(2)』秀英出版

国立国語研究所報告92(1987)『談話行動の諸相』三省堂

小林隆(1988)「通信調査法の再評価」国立国語研究所『方言研究法の探索』秀英出版

佐藤亮一(2000)「方言の調査法に関する一考察」『玉藻』36

真田信治(1973)「越中五ケ山郷における待遇表現の実態―場面設定による全員調査から―」『国語学』93

柴田武(1954)「方言調査法」東条操編『日本方言学』吉川弘文館

柴田武(1978)「言語生活の二十四時間」『社会言語学の課題』三省堂

柴田武(1988)『糸魚川言語地図』秋山書店

田原広史(1991)「データの収集と処理」徳川宗賢・真田信治編『新・方言学を学ぶ人のために』世界思想社

徳川宗賢(1994)『日本語研究と教育の道』明治書院

藤原与一(1964)『方言研究法』東京堂出版

藤原与一監修・神部宏泰編(1984)『方言研究ハンドブック』和泉書院

森岡清志編著(1998)『ガイドブック社会調査』日本評論社
吉田則夫(1984)「方言調査法」飯豊毅一・日野資純・佐藤亮一編『講座方言学2. 方言研究法』
　　　　国書刊行会
〈雑誌特集〉
『国文学解釈と鑑賞』(1969)「方言研究のすべて」至文堂
『月刊言語』7-9(1978)「野外調査の言語学」大修館書店
『日本語学』13-6(1994)「ハンドブック　論文・レポートの書き方」明治書院
『日本語学』16-11(1997)「ことばを調べる」明治書院
『日本語学』17-9(1998)「現代語調査の手段と方法」明治書院
『月刊言語』30-1 〜 12(2001)「方言研究への招待」大修館書店
『日本語学』20-5(2001)「日本語の計量研究法」明治書院
『日本語学』22-5(2003)「コーパス言語学」明治書院
『日本語学』23-5(2004)「暮らしの中のことばを調べよう」明治書院

第3章
調査票を作成する

1. なぜ調査票を作るのか

　他人の体型を見て「あの人は背が高いよ」と言ったり、ぶるぶる震えながら「今日はずいぶん寒いな」と言ったり、私たちは日常いろいろな判断を下す。こうした評価はあくまでも個人の印象を表現したものにすぎず、科学的な議論をする場合は身長や気温を測定する器具を用いて厳密なデータを得なければならない。

　方言に関しても同じように「うちのお父さんはよく方言を話す」とか「この辺には方言なんてないよ」という言い方をすることがある。身長や気温であれば、身長計や寒暖計を用いることができる。しかし、方言に関するこうした評価を科学的に扱うにはどうしたらいいだろうか。

　話し言葉である方言は、文字に書かれることもあるが、基本的には口に出された瞬間に消えてしまう。漠然と眺めていてもその様子をとらえることはできない。人々が方言に対してどのような意識・イメージを抱いているかも、見ただけではわからない。ある地域の、またはある個人の方言や方言意識の状況を科学的に把握するためには、何らかの手続きを通して、その姿を操作可能なデータに変換しなければならない。

　人々がどのような方言を話しているか、また方言に対してどのような考えや態度を抱いているか、それらを引き出すための一定の質問項目と回答欄を

配列した用紙・冊子を調査票と呼ぶ。

　調査票はこうしたデータ化作業を行うための、非常に有効なツールとなる。調査票を作るということは、いわば「方言」を測るための「ものさし」を作成することなのである。

2.　どのような調査で調査票を用いるのか

　方言調査は大きく観察法と質問法に分けられる（第2章参照）。観察法ではインフォーマントの自然会話を観察し、あるいはインタビューによってインフォーマントの自由な談話を引き出して、その中から（多くは調査終了後に）分析対象となる方言事象や方言意識に関するデータを作成する。話者の発話を引き出すための質問や観察の観点を調査票にまとめておくとしても、実際の調査では臨機応変に質問内容を変更することも多い。むしろノートや録音機材といった記録の道具こそが重要となる。

　これに対して、質問法は事前に質問内容を定め、インフォーマントに直接質問を行って回答を得る。基本的にはその回答がそのままデータとなる。調査時に測定作業を行うのであるから、事前に精密な調査票を作成することが欠かせない。

3.　調査票の信頼性と妥当性

　仮に身長計が温度にきわめて敏感な材質で作られており、わずかな気温の変化で伸び縮みしてしまったら適正な測定ができない。測定の道具には「安定性」が重要である。また、身長を測るのに「体重計」を使用しても意味がない。測定のためには「測るべき特性」を適切に把握できる道具を用いなければならない。

　観察法がインフォーマントの実際の発話を観察するのに対し、質問法では調査の場面で調査者に対して行われた発話や、調査票に書かれた特定の選択肢をマークするという行動の結果をもとに、インフォーマントの方言や方言

意識の状態を把握する。対象を直接に測定しているのではなく、インフォーマントが自己の方言や方言意識を内省して回答した結果による「間接的な」測定であることを忘れてはならない。

　こうして測定された結果が、われわれが真に知りたいものの姿（たとえば「インフォーマントが普段家族と話していることば」）を十分に反映したものとなっているか、すなわち調査票が「測るべき特性」を適切に測っているかという点（妥当性）が検討されなければならない。また、同じ調査票で同じ人に調査を行った場合に、安定してほぼ同一の測定ができるかという点（信頼性）も調査票にとって重要である。

　一般に社会調査で用いられる調査票の多くは、こうした妥当性と信頼性の検討が不十分であるとの指摘がある（直井優1983）。方言調査で使用される調査票も同様であり、今後の検討課題となっている。

4. 他記式調査票と自記式調査票

　方言調査で用いられる調査票は、他記式（他計式）調査票と自記式（自計式）調査票とに大別できる。

　調査を行う場合は、研究方法や対象分野に応じてどちらの調査票を用いるかを決定しなければならない（第2章参照）。調査の目的によっては両方の調査票を併用することもある。

(1)　他記式調査票

　通常、面接調査で用いられる。調査者が携帯し、口頭で質問を行って回答を調査者が記入する。インフォーマントが直接目にするものではないので自記式調査票ほどには体裁に気を使わずにすむ。方言研究の場合、音韻、アクセント、文法、語彙などの言語項目を調査する場合に使用されることが多いが、方言意識、言語行動、言語生活に関する調査でも用いられる。

(2)　自記式調査票

　通信調査など、調査者がインフォーマントと対面せずに行う調査で用いることが多い。一般にアンケート調査票と称される。

原則としてインフォーマント自身に質問文を読んでもらって回答の記入をお願いする。分かりやすく簡潔な記述、読みやすいレイアウトを心がける必要がある。方言意識、言語行動、言語生活に関する調査でよく用いられる。言語項目では語彙、文法項目の調査に向いているが、工夫をすれば音韻やアクセントの調査に用いることもできる。

5. 調査項目

調査票の中心をなすのは調査項目である。研究の目標を達成するためにふさわしい調査項目を選定しなければならない。

どのような項目を選択すべきかという判断は調査の目的によってさまざまなので一概には言えないが、どのような調査であっても、すべての項目に関し「なぜその項目を調査するのか」「調査後の分析でその項目をどのように扱うのか」という点を十分説明できるようにしておくことが重要である。

方言研究の成果をまとめた刊行物にはその研究で使用された調査票が掲載されていることが多い。調査項目を検討する手がかりとしてまずはこうした先行の調査票にあたり、どのような項目が調査されているかを吟味してみるとよい。類似の問題意識にもとづいた調査が別の地域で行われている場合は、まったく同じ項目を用いることで自分の調査結果との比較が可能になることもある。

5.1. 質問文

調査項目が決まったらそれぞれの項目について回答を聞き出すための質問文を作成し、調査票に掲載する（図1、2）。

他記式調査票では、質問を口頭で行うので、調査者が個々の項目の質問内容や調査意図を十分理解してさえいれば質問文を省略することも可能ではある。ただし調査のベテランならばともかく調査に慣れないうちは、事前に調査内容を十分理解したつもりでも、いざインフォーマントを目の前にすると緊張してことばがうまく出てこないことが多いので、やはり質問文を明示し

3. 5月にあげるのは何のぼり。その魚の名前は何と言いますか。　〈絵〉
鯉

4. 今私が口から出している音は何ですか。何が大きいと言いますか。
声

→　「鯉」と「声」が似たような発音になることは？

5. 秋になる果物で、二十世紀とか豊水。りんごではなくて･･･。　〈絵〉
梨

6. 畑になる紫色の野菜を何と言いますか。きゅうりではなくて･･･。　〈絵〉
茄子

→　「梨」と「茄子」が似たような発音になることは？

図1　他記式調査票の質問項目　（小林隆編 2003）

まず、あなたが津軽についてどのような印象をもっているのかから、教えてください。

問1　あなたは津軽が好きですか、嫌いですか。
　　　1つ選んで符号に〇をつけて下さい。

　　　| 1　好き　　2　嫌い　　3　どちらともいえない |

問2　あなたはこの地方に伝わる文化を後世に残すべきだと思いますか。
　　　1つ選んで〇をつけて下さい。

　　　| 1　思う　　2　思わない　　3　どちらでもよい |

問3　あなたは津軽弁が好きですか、嫌いですか。
　　　1つ選んで〇をつけて下さい。

　　　| 1　好き　　2　嫌い　　3　どちらともいえない |

図2　自記式調査票の質問項目　（月刊言語編集部編 1995）

ておくほうがよいだろう。
　また図1のような音韻・音声に関する調査ではあまり問題にならないが、語彙、文法など「意味」が問題となる項目では、質問の内容によって回答が変動してしまう可能性がある。この点からも調査票には質問文を明示し、回答を得たプロセスが分かるようにしておくことが望ましい。これは方言意識などに関する項目の場合も同様である。

5.2. ワーディング（wording）

　ある地域の方言を記述するための調査では、調査中に新たな観点に気づいて調査項目を追加したり、質問文を変更したりする必要が生じることがある。こうした調査では事前に準備した調査票を適宜変更しながら使用する。一方、調査結果について地域差や年齢差、男女差など何らかの比較を行うことを想定している場合は、事前に質問のしかた、回答・記録の方法を統一し、それらを変更せず実施することが求められる。それぞれの質問のしかたがまちまちであれば、仮に結果に違いが見られたとしても、それが地域や年齢による差なのか、質問の仕方に起因するものなのか判断ができなくなってしまうからである。

　後者のような方式の調査を「指示的（形式的）調査」と呼ぶ（原純輔他1984）。指示的な調査では、とりわけ質問文の言葉づかい（ワーディング）が重要になる。調査一般におけるワーディングの注意点として以下の①〜④のようなことが指摘されている（原純輔他1984、盛山和夫他1992、井上文男他1995、豊田秀樹1998）。

①用語の概念を明確にし、曖昧な表現・質問を避ける
　質問文で用いられる用語の表す概念が人によって異なっていては統一的な質問ができない。方言調査の場合では、たとえば「方言」という用語の扱いに気をつける必要がある。通常は「方言」というと「地域特有の語・表現（俚言）」を想起されることが多いので、音韻やアクセントも含んだ「言語体系」としての「方言」を問題にする場合はその旨説明が必要となる。また難解な用語や言語学の専門用語を使用しないように注意し、やむをえない場合は十

分な説明を加える。

　例1のような質問は「どのような場面で使用することばについて聞いているのか」という点が曖昧で、状況によってことばを使い分ける人には答えにくい問いとなる。事前に説明をするか、例1'のように質問文に記述するかして、調査対象とする場面を明確にしておかなければならない。

> 例1　「学校へ行く」と言う場合の「学校へ」の部分をどのように言いますか。「学校サ」のように言うことがありますか。
>
> 例1'　普段ご家族とお話をする時に「学校へ行く」と言う場合の「学校へ」の部分をどのように言いますか。「学校サ」のように言うことがありますか。

②否定表現を避け、簡潔な表現とする

　質問文は短くわかりやすい表現を心がける。一般に例2のような否定表現よりも例2'のような肯定表現を用いたほうがインフォーマントは回答しやすい。

> 例2　大勢の人の前で方言を話すことに抵抗を感じないという意見があります。あなたはこの意見に賛成ですか、それとも反対ですか。
>
> 例2'　大勢の人の前で方言を話すことに抵抗を感じるという意見があります。あなたはこの意見に賛成ですか、それとも反対ですか。

③ダブルバーレル質問 (double-barreled question) を避ける

　以下のように質問文の中に回答の対象が2つ以上存在する質問を「ダブルバーレル質問」という。例3では「勧誘」または「意志」のどちらか一方の意味でしか「べ」を使わない人は適切な回答ができなくなってしまう。例4では「2. いいえ」と回答した人が「みっともない」という理由に反対なのか、「やめるべき」という評価に反対なのかがわからない。

選択肢を工夫すれば回答は可能になるが、表現が煩雑になる。例3は「勧誘」と「意志」の用法について、例4は理由と評価についての質問を分け、異なる質問項目として設定するとよい。

例3　人を誘ったり、自分の意志を表現したりする場合、「行くべ」のように「べ」ということばを使いますか。
　1. 使う　2. 昔は使った　3. 聞くことはある　4. 聞いたことがない

例4　大勢の人の前で話すときに「べ」ということばを使うのはみっともないのでやめるべきだと思いますか。
　1. はい　2. いいえ

---

④一般的な質問と個人についての質問とを区別する

インフォーマント個人の行動や意識を聞くのか、一般的な行動・態度を尋ねているのかを明確に区別する。言語項目の場合で言えば、例5のようにインフォーマント本人のことばをうかがうのか、それとも例6のように当該地域で一般に使われることばを教えてほしいのかという区別は重要である。インフォーマントが混同しないように十分に説明し、理解してもらう必要がある。

例5　あなたは普段ご家族とお話をする時に「行かない」ということをどのように言いますか。イカンとかイカヘンとは言いませんか。

例6　このあたりでは「行かない」ということをどのように言いますか。イカンとかイカヘンとは言いませんか。

このほか言語項目に固有の問題として、対象とする方言と東京方言（共通語）とで意味領域にずれがある場合にもワーディングへの配慮が必要となる。たとえば方言によっては「能力による可能」（例：もう中学生なので

100mも泳ぐことができる）と「状況による可能」（例：今日は水温が高いので泳ぐことができる）とを区別して言い分ける場合がある。こうした区別があることを考慮せずに「『泳ぐことができる』ということをどのように言いますか」という質問文を作成してしまうと適切な回答が得られなくなるおそれがある。言語項目については当該方言の先行研究や記述的な調査の結果を十分に踏まえて質問文を作成しなければならない。

5.3. 回答の形式

調査票の回答形式にはプリコード形式と自由回答形式がある。

(1) プリコード (pre-code) 形式

あらかじめ用意した選択肢をインフォーマントに提示して選択してもらう。自記式調査票では質問文の下に示す。他記式調査票の場合は別に提示カードを用意し、インフォーマントに見てもらう。

プリコード形式は質問の意図がインフォーマントに伝わりやすく、効率的で回答の負担も少ない。データ整理の際に回答を分類して数値などのコードを与える作業（コーディング）も容易に行える。一方、回答が選択肢の影響を受けやすいので、過不足のない適切な選択肢を準備しなければならない。

図3.1、3.2のような質問では、すべての回答をフォローできない可能性を考えて自由回答欄を設けておく。また図3.3のような形式（尺度形式）で網羅的に選択肢を示すこともできる。特定の語形の使用状況、ある意見に対する態度などを知りたい場合には便利である。

選択の方法には複数選択 (multiple answer) と単一選択 (single answer) がある。調査時に選択方法を明示する。図3.1のような項目では複数選択式が普通だが、「もっともよく使うもの」「もっとも当てはまるもの」という指示を加えて単一選択とすることもできる。図3.3のような項目は単一選択となる。また図3.4のように選択肢に順位をつけてもらう方法もある。

(2) 自由回答形式

質問に対するインフォーマントの自由な回答を記録する。自由回答形式をとる場合、調査票には回答記入用の空欄を準備しておけばよく、事前の手間

```
┌─────────────────────────────────────────────────────────────┐
│ 101. 玉蜀黍  【絵】ゆでたり焼いたりして食べるものです。        │
│ 01.トーミギ  02.トーキビ  03.トーキミ  04.トーモロコシ  99.その他［       ］│
│ 104. おもなみ 【絵】草むらに入るとこのような草の実が服にくっついてくること│
│ がありますが、これはなんと言いますか？                      │
│ 01.バカ 02.ネッチョ 03.ヒッツキムシ 04.クッツキムシ 05.オナモミ 99.その他［   ］│
└─────────────────────────────────────────────────────────────┘

図3.1　プリコード形式［他記式調査票］

┌─────────────────────────────────────────────────────────────┐
│ 問9-1　全国放送のテレビインタビューに、津軽弁で答える人が出てきたとします。│
│ 　　　　それを見ていたあなたはどのように感じると思いますか。            │
│ 　　　　あてはまるものすべてに○をつけて下さい。                        │
│                                                             │
│   ┌─────────────────────────────────────────────────────┐   │
│   │ 1  こっけいだ    2  いやな感じがする    3  興味がひかれる│   │
│   │ 4  自然で良い    5  テレビでは共通語を使うべきだ        │   │
│   │ 6  恥ずかしい    7  別に何とも感じない                  │   │
│   │ 8  その他（                                   ）        │   │
│   └─────────────────────────────────────────────────────┘   │
└─────────────────────────────────────────────────────────────┘

図3.2　プリコード形式［自記式調査票］（月刊言語編集部編 1995）

┌─────────────────────────────────────────────────────────────┐
│ 124. カタス 「片付ける」ことを「カタス」と言いますか？          │
│ 01.言う 02.昔は言った（今は言わない）03.聞くことはある 04.聞いたことがない│
│ 126. ダイジ 「大丈夫」ということを「ダイジ」と言いますか？      │
│ 01.言う 02.昔は言った（今は言わない）03.聞くことはある 04.聞いたことがない│
└─────────────────────────────────────────────────────────────┘

図3.3　尺度形式

┌─────────────────────────────────────────────────────────────┐
│ 問7　次の6の土地の言葉を、きれいなものから順にならべるとするとどうなるで│
│ しょうか。（その土地の言葉を聞いたことがない場合はおっしゃってください。）│
│ ［　］東京　［　］大阪市　［　］福島市　［　］仙台市　［　］盛岡市　［　］青森市│
└─────────────────────────────────────────────────────────────┘

図3.4　順位記入形式
```

が少なくてすむ。調査者が想定していなかった回答へも対応できる。一方、プリコード形式と違って回答の手がかりが与えられないのでインフォーマントの負担が大きく、自記式調査票ではプリコード形式に比べて回答率が下がる可能性が高い。他記式調査票の場合もインフォーマントから回答を得るのに時間がかかることがある。

　言語項目用の他記式調査票では、図1のような自由回答形式を用いることが多い。音声上の微妙な変異まで考慮するとすべての回答を選択肢として準備することは困難であり、むしろインフォーマントの自由回答をIPA（国際音声字母）を用いて書き取った方が精密な記録ができるからである。折衷的な方法として、調査票におおよその選択肢を記しておいて、適宜修正しながら記録するという方法もある。自記式調査票では図4のように記入欄を準備し、インフォーマントに自由に回答してもらう。言語項目の場合は「片仮名で発音どおりに記入してください」といった記入法についての指示を添えておく。

　方言意識などに関する調査では、自由な記述の中から調査者が気づかなかった問題点や意見などを掘り起こすことができる。仮説を構築したり、本調査のための質問項目や選択肢を検討したりするための「探索的調査」によく用いられる。

5.4. 参考語形

　言語項目を自由回答形式で調査する場合は、参考語形を示してインフォーマントの回答をうながす方法もある。項目の近くに予想される参考語形を示しておく（図4、5）。

　他記式調査票を用いる場合は、随時口頭で語形を提示して使用の有無を確認する。「指示的調査」（5.2.）では提示のしかた（インフォーマントの回答を待ってから提示するのか、質問後すぐに示すのか、どういう順番で示すのかなど）についても事前に決定し、統一しておく必要がある。適切な参考語形を示せたかどうかで回答が変動することがあるので、先行研究を精査して十分な参考語形を準備する。

```
1. 細い竹の骨に紙を張り、糸をつけて空に上げるこういうおもちゃ
   を、ひっくるめて何と言いますか。
   参考　イカ・イカノボリ・イカンボーリ・
   イカンボー・イカンベー・ヨーカンベー・
   トビ・タコ


2. 鬼になった子供がほかの子供を追いかけてつかまえる遊びを何
   と言いますか。
   参考　オニゴト・オニゴク・オニゴ・オニコ・
   オニカ・オニサゴ・オニトリ・オニ・ツカマエゴ・
   ツカマエンボ・ニゲコ・オニゴッコ
```

図4　自由回答形式［自記式調査票］（小林隆 1988）

```
1. 顔のここ（実物）の部分を何と言いますか。　（K3-36, L3-116）
   眉毛
   　コノゲ・マユゲ・マユ


2. 足のこのとがった部分（実物）を何と言いますか。　（L3-129）
   踵
   　アグド・カガト・カカト
```

図5　参考語形の掲載［他記式調査票］

5.5. フェイスシート

　性別、年齢、職業、学歴、収入、婚姻形態、住所といったインフォーマントの基本的属性に関する項目をフェイス項目と呼ぶ。調査結果の集計、分析の際に用いられる。方言調査の場合は、インフォーマント本人およびその両親や配偶者の出身地、居住歴も重要なフェイス項目となる。フェイス項目を記入するページをフェイスシートと呼ぶ。そもそもは調査票の表紙（フェイス）に書かれていたためにこう呼ばれるが（盛山和夫他 1992）、現在は調査

【フェイス・シート】			回目
1. 氏名 （よみがな）			男・女
2. 現住所 （〒　　）	中新田町		
3. 電話番号	0229-63-		
4. 生年月日・年齢	大正・昭和　　（19　）年　　月　　日　　歳		
5. 出身地	中新田町：　　　　　　その他：		
6. お仕事			
7. 最終学歴	旧制：尋常小学校・高等小学校・中学・実業学校・女学校・師範・高校・高専・大学・大学院 新制：中学・高校・短大・高専・専門学校・大学・大学院		
	所在地：		
8. ご両親のご出身地	父：		
	母：		
9. 居住歴	歳〜　　歳（　　年間）地名：		
	歳〜　　歳（　　年間）		
	歳〜　　歳（　　年間）		
	歳〜　　歳（　　年間）		
10. 配偶者のご出身地			
11. 仙台へ出かけることはあるか	よくある　・ときどき　・たまに　・めったにない （目的：　　　　　　　　　　　　　　　　　　）		
12. 旅行によく行くか	よく行く　・ときどき　・たまに　・めったに行かない		
13. テレビは何歳からあったか	イ．生まれる前からあった ロ．途中で買った（　　歳の頃） ハ．ずっとなかった		
備考 (Inf.の適正など)			

調査日時	1997年　　月　　日（　）午前・午後　　：　〜　　：			
調査員		録音者・同席者		
録音場所	中新田町交流センター： 話者自宅	録音テープ	DAT／ カセット	分　　本
		アク音韻・イント・語彙・文法（　）年代別／アイ・語彙		

図6　フェイスシート［他記式調査票］

票の末尾に置いて、最後に質問することが多い。

　インフォーマントによっては回答に抵抗を感じる場合があるが、研究上必要な情報であれば必ず確認しておかなければならない。先行の調査票を無批判に引き写すのではなく、調査後の分析計画を十分に検討したうえで真に必要最小限の情報に限定して質問することが肝要である。調査に際しては「方言との関連性を分析する際にのみ使用する」という調査意図を十分に説明する。

　フェイスシートの取り扱いにも注意を払い、調査後の管理を厳格にする。共同研究室のように不特定多数の人間が自由にアクセスできる場所に調査票を保存する場合は、フェイスシートを取り外して調査代表者が保管するなどの処置を講ずることも必要である。個人情報保護の観点からも、表紙にフェイス項目を記入するのは避けたほうがよいだろう。

　図6に他記式調査票のフェイスシートの例を示す。

　当該地域の出身者に限定してインフォーマントを選定するなど、調査開始直後にインフォーマントの属性を確認する必要がある場合は、図7のように調査票の冒頭に当該項目に関する質問項目を記載しておき、調査終了後、フェイスシートに転記してもよい。

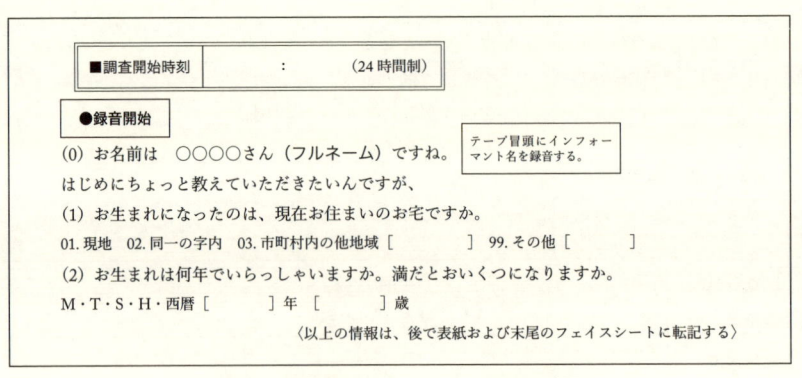

```
■調査開始時刻　　　：　　　（24時間制）

●録音開始
(0) お名前は　○○○○さん（フルネーム）ですね。　　　テープ冒頭にインフォー
はじめにちょっと教えていただきたいんですが、　　　　　　マント名を録音する。
(1) お生まれになったのは、現在お住まいのお宅ですか。
01. 現地　02. 同一の字内　03. 市町村内の他地域 [　　] 99. その他 [　　]
(2) お生まれは何年でいらっしゃいますか。満だとおいくつになりますか。
M・T・S・H・西暦 [　　] 年 [　　] 歳
　　　　〈以上の情報は、後で表紙および末尾のフェイスシートに転記する〉
```

図7　調査冒頭でのフェイス項目の確認

5.6. 項目数

　調査すべき項目数は調査デザインによって決まる。記述的研究では、ときにはひとりのインフォーマントのところへ何日も通い、非常に多くの項目について調査を行う必要がある。一方、ほんの数項目に絞り込んで多数地点のデータを収集し、方言地図を作るといった調査も考えられる。

　調査はインフォーマントに貴重な時間を割いてもらって行うものである。負担のない調査時間ということも考慮しなければならず、項目数はその点でも制約を受ける。

(1) 他記式調査票

　調査に深い理解と関心を示すインフォーマントの場合は別として、通常の面接調査の調査時間は、せいぜい 90 分が限度とされる（柴田武 1978）。この時間は、今後は短くなりこそすれ、長くなることはないだろう。他記式調査票を作成する場合は、挨拶や雑談なども含めてこの時間内に収まる調査項目数にしなければならない。

　図 1、5 のように実物や絵を見て回答してもらう音韻、語彙項目は、個人差はあるが、比較的短い時間で回答を得られることが多い。音韻やアクセントの調査で語や短文を提示してインフォーマントに発音をしてもらう「読み

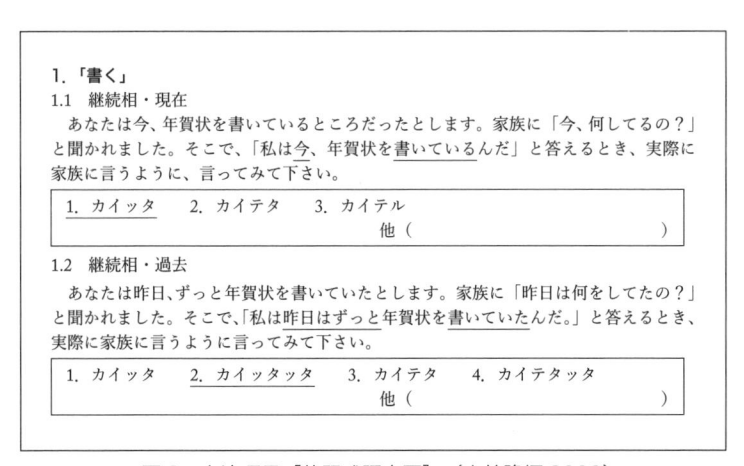

```
1.「書く」
 1.1　継続相・現在
　　あなたは今、年賀状を書いているところだったとします。家族に「今、何してるの？」
　と聞かれました。そこで、「私は今、年賀状を書いているんだ」と答えるとき、実際に
　家族に言うように、言ってみて下さい。
　┌─────────────────────────────────┐
　│ 1. カイッタ　　2. カイテタ　　3. カイテル　　　　　　　　　　　　│
　│　　　　　　　　　　　　　　　他（　　　　　　　　　　）│
　└─────────────────────────────────┘
 1.2　継続相・過去
　　あなたは昨日、ずっと年賀状を書いていたとします。家族に「昨日は何をしてたの？」
　と聞かれました。そこで、「私は昨日はずっと年賀状を書いていたんだ。」と答えるとき、
　実際に家族に言うように言ってみて下さい。
　┌─────────────────────────────────┐
　│ 1. カイッタ　　2. カイッタッタ　　3. カイテタ　　4. カイテタッタ　│
　│　　　　　　　　　　　　　　　他（　　　　　　　　　　）│
　└─────────────────────────────────┘
```

図 8　文法項目［他記式調査票］（小林隆編 2003）

上げ式調査」では、1項目あたりの調査時間は非常に短いためさらに多数の項目を調査することができる。また先に述べたように、プリコード形式で選択肢を提示する方法だと一般に調査効率はよくなる。

一方、図8のような文法項目では具体的なものが示しにくく、加えて細かな状況設定をインフォーマントに理解してもらわなければならないことが多い。こうした項目では回答に時間を要する場合があるので、項目数を抑える必要が生じる。

(2) 自記式調査票

これもインフォーマントによるが、通常は長くても30分程度で記入できる分量に抑えるべきであろう(盛山和夫他1992)。自記式調査票の場合は全体のページ数にも気を配る必要がある。何十ページにも及ぶ調査票を配布するとインフォーマントへ負担感を与え、はじめから回答を拒否されてしまう可能性もある。

他記式、自記式いずれの場合も調査票が完成したら周囲の人に回答してもらっておおよその所要時間を把握し、項目数を調整するとよい。

5.7. 項目の配列

冒頭から難しくて答えにくい項目を配置すると、やはりインフォーマントへ負担感を与えてしまう。はじめは比較的簡単で答えやすい項目を配置し、中盤に難しめのものを置く。インフォーマントが疲れてくる後半にまた簡単なものに戻る。言語項目の場合、たとえばインフォーマントの興味を引きやすく、絵や実物を示して回答してもらう語彙項目をはじめに置き、質問がやや複雑な文法項目を中ごろに置いて、最後はまた絵を用いた音韻・音声項目を配置するといった工夫が考えられる。

相互に関連する項目はまとめて配置するとインフォーマントも答えやすく、効率がよくなる。

言語項目ではあまり問題にならないが、方言意識などに関する項目では、質問の配置の順番によって回答に影響が生じる場合がある(キャリーオーバー効果)。たとえば方言への好悪の意識を尋ねる項目の前に、方言に否定

的な表現を含んだ質問文の項目があると、好悪意識を聞く項目の結果が影響を受けてしまうことがある。このように相互の回答に影響を及ぼす可能性がある場合は、両項目の間をあけるなどの処理が必要となる。

6. 調査項目以外のページ

調査票には上記の質問項目以外に、以下のような内容が含まれる。

6.1. 表紙
(1) 他記式調査票
調査票のページ数にもよるが、通常は図9のように調査（研究）のタイトルを示した表紙をつける。調査票を特定するためのID情報（調査地点、インフォーマント名、世代、調査者名、調査年月日など）を記入する欄を設ける。調査票にID番号（調査票番号）をふっておくと、データの整理の際に便利である。

(2) 自記式調査票
他記式調査票同様、調査（研究）のタイトルを示す。匿名性を保証するために氏名記入欄を設けないことも多いが、その場合はID番号がないと回収状況が確認できず、整理に困難を来たすことがある。特に他記式調査票と併用する場合は相互の調査票を照合するのにID番号が不可欠である。

調査実施主体、責任者、連絡先の情報は表紙に明示する。以下の6.2.、6.3.に示す「調査・記入上の注意」や「挨拶文」を表紙に記載することも多い。

6.2. 調査・記入上の注意事項
(1) 他記式調査票
調査項目本体のページの前に、調査にあたっての全般的な注意点、記入上の約束などをまとめておくと便利である。共同調査ではもちろん、個人調査の場合も備忘録として活用できる。言語項目の調査では、以下のような注記

調査票番号（　　　　　）

【福島・宮城県境付近における方言の言語地理学的研究】

　　　　　七ヶ宿グロットグラム面接調査票

■調査地点	01 小原　02 関　03 滑津　04 湯原　05 二井宿　06 高畠　99 その他（　　　）
■世代	70代　60代　50代　40代　30代　20代　10代
■インフォーマント	（　　　）歳　男・女
■調査員	

2004年　10月～12月　第1版（白石市～高畠町　版）

図9　表紙［他記式調査票］

の略記号を用いることがあるが、こうした略記号の凡例も示しておく。

！	笑いながら答えた	？	自信なさそうに答えた
#	だいぶ考えてから答えた	：	はずかしそうに答えた
＊	訂正した新しい答え		
NR	回答なし (No Response)	DK	知らない (Don't Know)
ム	「昔は言った」という回答	ユ	誘導 (参考語形提示) による回答
リ	「理解している (知っている) が自分は言わない」という回答				

(2) 自記式調査票

自記式調査票では、図10のように選択肢のマークの方法や、記入上留意してほしい点を明記する。インフォーマント自身に読んでもらうので、わかりやすく表記する。

《記入上の注意》
1. 特に指示のない限り、**もっともよくあてはまるものひとつ**に○をつけてください。
2. ご家族や周りの方と相談せず、**ご自身のお考え**を教えてください。
3. 書き終わりましたら、ご面倒でも記入漏れなどがないかご確認ください。

図10　記入上の注意事項［自記式調査票］

6.3. 挨拶文

自記式調査票にはインフォーマントに対する挨拶文を記載する。協力のお願いに加えて、調査の趣旨や有用性を述べ、調査報告には許可なく個人名を掲載しないこと、記入の時間を割いてもらう以外に迷惑をかけないことなどを説明する。個人や公的機関などから紹介された場合（有意抽出の場合）は、紹介者・機関名を記す。ランダム・サンプリングによる選出の場合は、その旨を分かりやすく説明する。

他記式調査票でも冒頭に簡潔な挨拶文を掲載しておくと、実際の調査の際にまごつかずにすむ。自己紹介、挨拶とともに調査の趣旨などをまとめてお

くとよい。調査時は書かれていることの棒読みにならないように注意する。

調査の趣旨は正確に伝えるのが望ましいが、あまり詳細な説明をするとその後の調査結果に影響することもある。たとえば「気づかない方言」の調査の際に「方言なのに方言とは気づかれず、共通語のように使われていることばを調べています」と説明してしまうと、インフォーマントは調査項目に対して一定の先入観を持ってしまうかもしれない。このような場合は「この地域の方言について調べています」のように簡略な説明にとどめたほうがよい。

6.4. 自由記述欄、感想欄

自記式調査票の場合は、末尾に、調査の感想や調査に対する意見などを書いてもらう自由記述欄を設ける。実際に記入してくれるインフォーマントは多くはないが、調査者が気づかなかった調査上の不備や、方言に対する情報を教えてもらえることがある。

7. 調査票の体裁

7.1. 用紙のサイズ
(1) 他記式調査票

調査票の用紙サイズはB5もしくはA4判が妥当である。それ以上だと大きすぎて持ち運んだり、ページをめくったりするのに不便である。

A4判は1ページの情報量が多い。B5判は操作性に優れる。他記式調査票は、文字が小さくてもインフォーマントに迷惑がかからないので、A4判で原稿を作成し、B5判に縮小すると双方の利点が生かせる。

調査場所に机など記入に必要なものが常に整っているとは限らないので、調査中は記入用のクリップボードを準備するとよい。インフォーマントに調査票の中身が見えてしまうのを防ぐこともできる。A4判サイズのクリップボードは大きくて携帯にも不便であり、この点でもB5判サイズの調査票は

使用しやすい。調査票を横綴じにするか、上綴じにするかは使用するクリップボードの金具の位置に合わせるとよい。

(2) 自記式調査票

他記式調査票と違い、文字は読みやすい大きさにする。10.5ポイント以上の文字が望ましい。文字を大きくすると、B5判の用紙ではページ数が増えてしまってインフォーマントに負担感を与えてしまう可能性がある。A4判以上の用紙が適当である。

1つの項目の質問文や選択肢が2ページにわたらないように各ページのレイアウトに留意する。なお、ページの最下端に「次ページへ続く」といった注意書きを入れておくと、インフォーマントが勘違いして途中で記入をやめてしまうといった事故を防ぐことができる。

7.2. 印刷と製本

通常は調査参加者が協力して作業を行う。予備、保存や調査参加者用に、インフォーマント数よりも多めに作成する。予算に余裕があれば、印刷・製本は外注することもできる。

他記式調査票では調査中に気づいたことを自由に記録できるよう、両面印刷にせず裏面を余白にしておくと便利である。自記式調査票は記入用の余白は必要がないので、中綴じの冊子形式にしてしまってもよい。専用のステープルも市販されている。ただし、調査後、項目ごとに整理・分析を分担する場合はページをばらばらにする必要があるので、いずれもステープルではなく着脱可能な止め具を使用する。その際、各ページにID番号を打刻しておくと散逸が防げる。

8. 調査票以外の準備物

調査の形態によっては、調査票に付随して以下のものを準備する必要がある。

8.1. 提示用リスト

他記式調査票による調査の際に必要に応じて用いる。以下のような内容を記載する。

(1) 絵・写真

音韻、語彙項目の場合、具体的なものについては実物を提示して回答を求めると効率的である。身体部位など、調査の際に容易に実物が示せるもの以外は、絵や写真を準備する。

絵は、調査メンバーに上手な人がいれば書いてもらうとよい。『日本言語地図』をはじめとする先行研究の報告書や調査票にもその調査で使用した絵が掲載されているので、それをコピーして使用することもできる。近年はwebで検索すると、絵や写真が簡単に手に入るようになった。

写真のほうがすぐに理解してもらえそうに思えるが、撮影の角度などによっては、むしろ特徴をデフォルメした絵のほうが分かりやすいこともある。調査前に周囲の人に見てもらって確認しておくとよい。

(2) 音韻、アクセント調査用の文字リスト

音韻やアクセントの調査の際に、図11のような読み上げ用の文字リストを示して発音してもらう場合がある。インフォーマントに無用な負担をかけさせないために極力大きな文字を用い、すべての漢字に必ず振り仮名を振る。文字のフォント、ポイント、配置などのレイアウトにも配慮する。

```
  次の文を、自然な感じでおっしゃってみて下さい。

  1. 葉が落ちた        13. 風が吹いた
  2. 柄がとれた        14. 石が落ちた
  3. 木が茂っている    15. 鳥が鳴く
     ⋮                    ⋮
```

図11 提示用文字リスト

(3) 選択肢リスト

プリコード形式の調査票を用いる場合は、選択肢を示したリストを調査票とは別に作成し、提示する。配慮すべき点は(2)の文字リストと同様である。

8.2. 挨拶状

自記式調査票を配布する場合は挨拶状を添えると丁寧である。内容は調査票に記載する挨拶文と重複してもかまわない。

8.3. 返信用封筒

郵送で自記式調査票を回収する場合は返送期限を伝え、必ず返信用封筒を添える。封筒は調査票を折らずに入れられる大きさのものを使う。返送先の住所を明記し、必要分の切手を貼る。一般に切手が貼ってあると返信用封筒が捨てられにくく「受取人払い制度」を利用するよりも回収率が上がるとされている (林英夫 2006)。

9. 予備調査の実施とそれにもとづく調査票の修正

調査票はどんなに念入りに作っても必ずどこかに不備が生じるものであり、調査を進めていく中で修正が必要な箇所が見つかる。

調査票がひととおり完成したら、可能であれば小規模な予備調査を実施してみることが望ましい。わかりにくい質問文や絵がないか、項目や選択肢の過不足がないかなど作成時に気づかなかった不備をチェックし、本調査用の調査票を修正することができる。

もっともインフォーマントの手配は大変手間のかかることであり、準備調査のために本調査とは別にインフォーマントを探すのは現実的には不可能なことが多い。その場合は最終的な調査票を印刷する前に、友人や家族など周囲の人々に対して調査を行ってみるとよい。それだけでも気づかなかった修正点が見つかる場合がある。

質問法による調査の場合、その成否はひとえに調査票の出来にかかってい

るといっても過言ではない。十分な時間をかけて調査票を検討し、調査にでかけよう。

文献
愛宕八郎康隆(1969)「方言の臨地調査法」『国文学解釈と鑑賞』34-8
井上文男・井上和子・小野能文・西垣悦代(1995)『よりよい社会調査をめざして』創元社
小林隆(1988)「通信調査法の再評価」国立国語研究所『方言研究法の探索』秀英出版
小林隆編(2003)『宮城県石巻市方言の研究』東北大学国語学研究室
柴田武(1978)「野外言語学の方法」『月刊言語』7-9　大修館書店
盛山和夫・近藤博之・岩永雅也(1992)『社会調査法』放送大学教育振興会
徳川宗賢・真田信治編(1991)『新・方言学を学ぶ人のために』世界思想社
豊田秀樹(1998)『調査法講義』朝倉書店
直井優(1983)「社会調査の設計」直井優編『社会調査の基礎』サイエンス社
野元菊雄(1978)「社会言語学的調査」『月刊言語』7-9　大修館書店
林英夫(2006)『郵送調査法［増補版］』関西大学出版部
原純輔・海野道郎(1984)『社会調査演習』東京大学出版会
「方言調査法」(2003)『言語学大辞典 第 6 巻 術語編』pp. 1278-1292　三省堂
馬瀬良雄(1969)「言語地理学―歴史・学説・調査法―」『国文学解釈と鑑賞』34-8　至文堂
吉田則夫(1984)「方言調査法」飯豊毅一・日野資純・佐藤亮一編『講座方言学 2　方言研究法』国書刊行会
J.V. ネウストプニー・宮崎里司(2002)『言語研究の方法』くろしお出版
P.H. マン(1982)『社会調査を学ぶ人のために』世界思想社
W.A. グロータース(1984)「方言調査法の問題点」『日本語学』3-1　明治書院
〈雑誌特集〉
『月刊言語』〈別冊〉(1995)「変容する日本の方言」大修館書店
『日本語学』20-5 (2001)「日本語の計量研究法」明治書院
『日本語学』23-8 (2004)「現代の質問調査法―アンケートことば学」明治書院

第4章 さまざまな準備

1. この章で述べること

　この章では、調査を実施に移すための、さまざまな準備について解説する。複数の調査員がチームで行う臨地面接質問調査を念頭に置いて説明するが、個々の内容は、個人で調査を行う場合にあてはまるものが多いはずである。調査の実施段階とも関連するので、第5章、第6章も参照してほしい。

2. スケジュールを立てる

2.1. 調査研究全体のスケジュール

　調査をはじめるにあたって、まず、準備から調査実施、結果の整理、調査結果の報告・発表（論文や報告書の作成など）まで、行おうとする調査研究全体のスケジュールを立てる。準備開始から報告終了までの期間は、数ヶ月程度の場合もあれば、数年かかる場合もあるだろう。調査規模や、調査を行いやすい時期、調査結果をとりまとめるべき期限、調査やとりまとめにあたる人などの条件に応じて、いつの時期に何をするか、それぞれの段階にどのくらいの時間をかけるか、全体の見通しを立てておく。

2.2. 調査時期

　卒業論文のテーマとして調査を行う場合や、大学の演習やゼミ、研究室で企画し、学生が参加して合宿形式で行う調査の場合、調査時期としては、7月から9月にかけての夏休み期間が利用されることが多い。ただしそのような調査者側の都合だけでなく、まずは対象地域や協力機関の状況に配慮することが必要である。

　一般に、祭りや選挙の期間、農村では田植えと収穫の時期（農繁期）などは、地域全体が多忙であり、このような時期に調査を行うのは適当ではない。役場や学校などの年度初め、年度末も同様である。また、大きな災害や事件があった地域では、しばらくの間は落ち着いて調査に対応するような気持ちにはなれないものである。このような対象地域の状況はよそからはわからないことも多いので、事前に情報を収集し（5.参照）、現地の人にも尋ねて、予定した調査時期が現地の人にとって不都合でないか、確認する。

2.3. 調査期間・調査日程

　遠隔の調査地で、多人数のインフォーマントを得て調査を行う場合は、泊まりがけで合宿形式の調査となる。調査内容、人員、経費などにもよるが、実施の負担を考えると、1回の調査期間は、長くて5日間程度が1つの目安になるだろう。この範囲で必要なデータが得られるように計画するとともに、さらに調査が必要な場合は、あらためて別の日程を組み、補充調査を行う（個人で行う調査はこの限りではない。経験豊富な研究者の中には、調査地に数ヶ月住み込んだり、1人のインフォーマントのもとに10年以上通って調査を続ける人もいる）。

　調査地が調査者の居住地や近隣の地域である場合は、宿泊せずに通って調査を行うことができる。複数の調査員がチームで参加する調査では、ある日に全員が日帰りで参加する（第5章表1のB日程）こともあるし、ある期間を決めて、その間に調査員がそれぞれインフォーマントと連絡を取って調査日時を決め、調査を行うこともある。その後の補充調査は単発的にでも行うことができる。

また、本格的な調査（本調査）の前に、少人数のインフォーマントに対して準備調査を実施することは、調査の質を高めるのに役立つ。準備調査では、対象方言についての全般的な調査や、調査票の内容の検討（質問のしかたが適当か、調査項目の絞り込み等）などを行い、結果は本調査に反映させる。

2.4. 1日のスケジュール

　合宿形式の場合、調査期間中、移動日以外は、午前から午後にかけて調査を行い、夜（その日の全調査終了後）にミーティングの時間を持つ。1人で調査を行う場合も、その日の調査について見直したり振り返ったりする時間をその日のうちにとる（第6章10.参照）。調査時間は、インフォーマント1人あたり長くても90分程度までとする。これ以上になると、インフォーマントが疲れてしまう。この時間であれば、調査員は、午前から午後にかけて3回程度調査を行うことができる。調査員がインフォーマント宅を訪問する場合は、移動時間を余裕をみて確保する（第5章、第6章7.参照）。

　インフォーマントに勤めを持っている人を含む場合は、調査期間に土日を含むようにする、夜の時間帯に調査を設定する、インフォーマントの希望によっては職場を訪ねるなど、調査に応じてもらいやすいように、調査期間やスケジュールのうえでの配慮が必要になる。

　またインフォーマントの生活パターンによっては、予定の調査時間帯以外の、早朝や夜遅い時間を希望されることがある。可能であれば応じるが（特に、サンプリングによる社会調査では、インフォーマントの代替がきかないので、極力対応することが必要になる）、調査体制のうえで非常に無理がかかるようであれば、事情を説明し、ほかのインフォーマントを探すようにする。

　要は、最終的には量的・質的に必要な調査データを得ることを念頭に置きながら、無理のない計画を立てることである。インフォーマントにも調査員にもあまりに余裕のない無理な調査からは、十分に信頼性のある調査結果は得られない。

3. インフォーマントを探す

3.1. インフォーマントの条件
(1) 基本は生え抜きの人
　方言調査では、基本的には、その土地で生まれ育って現在も住んでいる人をインフォーマントとする。その土地の方言を話すのは、このような人たちと考えるからである。
　このような居住歴の人を「生え抜き」と呼ぶ。典型的には、今住んでいる家に、生まれたときからずっと住んでいて、進学や就職、結婚などでも、その家を離れたことが一度もない人、ということになる。しかし現代では、このように居住地をまったく移動したことがない人は、まれである。また、出身地をしばらく離れていた人でも、方言をしっかり身につけて使いこなし、内省のできる人は多い。一般に、人のことばの基本的な部分が形作られるのは、3歳から15歳くらいまでの間であるとされる(「言語形成期」という)。そこで、この期間に居住地を移動していなければ、その後は多少その土地を離れていても、インフォーマントとしての条件を満たしているとするのが一般的である。
　逆に言うと、言語形成期の居住地は重要な条件である。ときどき、その土地の出身だという人に調査をしていて、そこではあまり聞かない、むしろ少し離れた別の町で聞かれる言い方が回答されるので、変だな、と思っていると、調査の最後になって、「自分は、○○町の生まれで、20歳で結婚してこの村に来た。○○町もこの村もことばはほとんど違わない。それに、ここに暮らして50年以上なので、今ではすっかりこちらのことばだ。」と、生え抜きではないことを知らされることがある。本人がまったく同じことばを話していると感じていても、調査内容によっては、違いが出てくることがある。
(2) どの範囲なら移動していてかまわないか
　言語形成期でも、同じ市町村内なら引っ越しをしていてもいいのか、合併した場合は旧市町村によるべきか、集落を出ていてはいけないのかなど、「そ

の土地」をどの範囲ととらえるかは、調査の目的による。方言地理学的調査で、狭い地域の中の集落ごとのことばの違いを調べる場合や、グロットグラム調査で鉄道の駅ごとに調査を行うような場合には、それぞれ「集落」「各駅の近辺」という狭い範囲が「その土地」であり、隣の集落からの移住者でもインフォーマントにはできない（「集落」は、住所では「字ぁざ」、都市部では、ほぼ「○○市○○町」または、「○○市○○町○丁目」にあたる）。一方、「○○市方言の文法」を記述する調査では、インフォーマントは○○市の出身者であればよい。ただし、○○市の中に、調査内容に関わる重要なことばの地域差があるとあらかじめわかっている場合は、地域を限定するなど注意が必要である（先行研究による下調べや準備調査の必要（第1章）は、このようなところにもある）。

　たとえば、全国的な方言地理学的調査である、国立国語研究所の『方言文法全国地図』のための調査（1979～1982年実施）では、「1925（大正末）年以前に生まれた男性」で、「15歳まではよその土地（ほかの市町村やよその字ぁざ）で生活したことのない人、それ以降よそで生活したとしてもその期間が10年以内の人」をインフォーマントの条件としている。

(3) そのほかの条件

　調査の目的によっては、生え抜きであること以外にも条件を付す場合がある。なるべく古い方言をとらえるために、年齢が70歳以上の人に限るとか、地域差以外の要因によることばの違いが混入しないように、性別を男女どちらかに限る、といった条件である。

　また、生え抜きかどうかにこだわらない、あるいは、あえて生え抜きでない人を選ぶ場合もある。前者としては、社会調査の手法を用いたランダム・サンプリングによる調査、後者としては、同じ地域の中での生え抜きと生え抜きでない人の方言使用の違いを調べる調査などである。

　このほか一般的なこととして、ことばに興味を持ち、質問に対して的確に内省して回答してくれる人は、インフォーマントとして望ましい。かつては、方言調査のインフォーマントは、共通語にあまり触れず、生活のほとんどを方言だけで過ごしている人がよい、とされたこともあった。確かに語彙

に関してはそのような面もある。しかし必ずしもそういう言語環境の人が、自分のことばを自在に内省できるとは限らない。むしろ、ほかの土地での生活を経験し、日常的にも共通語と方言を両方使っている人が、方言について分析的に内省できる場合も多い（一方で、方言を忘れてしまってなかなか思い出せない人ももちろんいる）。特に文法やアクセントなど、分析的な内省が必要な言語分野では、外住歴がやや長かったり、職業柄共通語で話すことが多くても、それだけでインフォーマントとして不適当ということはない。たとえば、教職の経験のある人は、日ごろことばを意識して使っているせいか、自身のことばを内省、分析する力に富んでいて、文法的意味のような、高度な内省力（と回答の際の表現力）を要する調査でも、的確な回答をしてくれることが多いようである。

3.2. インフォーマントの人数

何人くらいのインフォーマントを調査するかも、やはり調査の目的による。

(1) 記述的調査

記述的調査では、研究者が自分自身の方言を内省して研究を行うこともある。この場合インフォーマントは１人である。しかし、だれでも在来の方言を自在に内省できるわけではないし、個人差もあるので、普通は、自分の内省が本当にその方言を正しく反映しているかには不安がある。出身地以外の方言となれば、そもそも内省はきかない。そこで、記述的研究でも、特にその方言を初めて調査する場合は、複数のインフォーマントを調査し、インフォーマント間の異同を踏まえて記述を行う。具体的な人数は、調査期間や人員によるが、たとえば、まずは３〜４人程度というのが１つの目安になろうか。いったん基本的な体系の記述ができたら、次からは１人の協力的なインフォーマントを対象に、多くの項目を調査することもある。

(2) 方言地理学的調査

方言地理学的調査では、１地点に１人を調査するとすると、最大で調査地域内の全集落の数（全集落を調査することを「しらみつぶし調査」という）、

グロットグラム調査では、調査地点数×世代数（性別を加える場合はさらに、×2）が、インフォーマントの人数となる。これを元に、調査結果の見通し（調査対象地域をどの範囲とし、集落や世代をどの程度の密度で調査すれば、期待する結果が得られるか）と、調査期間・人員、調査会場、移動時間などとを勘案して、インフォーマントの人数を決める。

たとえば、3泊4日（1日目の午前中と4日目の夕方は移動）の期間、1回90分程度かかる調査を、午前1回、午後2回、調査員18人が3人1組で、各1名ずつのインフォーマントに行うとすると、単純に計算して、6組×10回で、インフォーマントは最大60人となる。ここから調査規模を逆算すると、グロットグラム調査なら、1地点4世代各1名として15地点、3世代として20地点となる。これをもとに、どこを調査地点とするか、もっと調査地点を増やすなら、世代を減らすか、期間を延ばすか、人員を増やすか、あらためて別のときに再度調査を行うか、などの検討を行う。

(3) 社会方言学的調査

社会方言学的調査で多人数を調査する場合、サンプリング調査であれば、統計学的に必要な人数が計算によって割り出される。方言調査の例ではないが、大谷信介他編（1999：121）の例題によれば、「有権者が10万人の都市で、住民投票条例に賛成な市民の比率を信頼度95％で誤差の範囲を±5％で推定」する場合、調査しなければならない有権者の人数（必要サンプル数）は、383人であるという。また、国立国語研究所が1972年に鶴岡市で行った、『地域社会の言語生活―鶴岡における20年前との比較―』のための調査では、調査対象とした15～69歳の総数67,780人に対し、400人を抽出している。実際のサンプル数は、統計学的観点のほか、経費や人員、集計方法、回収率を勘案して決められるという（大谷信介他編 1999：122-124）。方言調査として、このタイプの調査を行う際には、統計学、社会調査の解説書によるほか、できれば、専門家の意見を聞くことが望ましい。その際には、方言調査の目的や行いたい集計などについて、十分に意思疎通を図りたい。

また、サンプリング調査によらない多人数調査を行うことも多い。知り合いにお願いしてインフォーマントを探すこの方法（3.3. 参照）では、必要な

人数についての統計的な裏付けはないが、経験的には、まずは、分析しようとする最小の属性グループの人数が、少なくとも20人を下回らないようにしたい。これ以下になると、属性間の違いをパーセンテージで比較するときに、1人の占める比率が5%を超えてしまい、個人の回答の影響が大きくなり過ぎる。もちろん5%という数字もけっして小さくはないので、20人というのはあくまで最低限の目安である。

たとえば、10代、30代、50代、70代の4世代・男女別に分析を行う場合、各世代男性20名、女性20名、計160名となる。各世代内で性別の分析を行わないことにすれば、20名×4世代で計80名。この場合(特に性差が予想される調査内容の場合)、性別を男女どちらかに限るか、各世代内で男女の比率を同じにしておかないと、調査結果が、世代差なのか性差なのか分析の際に判断がつかないことがあるので、注意が必要である。

(4) 1回に調査する人数

なおここでは、質問調査を想定し、インフォーマントは1回の調査に1人、として説明した。複数のインフォーマントに同時に調査を行うと、リラックスした雰囲気になって調査が進めやすい場合もないわけではないが、多くは、インフォーマント同士の間に遠慮が生まれ、回答に食い違いがある場合に十分な回答が得られないなど、インフォーマントにとっても調査者にとっても、不満足な結果になることが多い。少なくともことばの形式に関する質問調査では、インフォーマントは1回の調査に1人とした方がよい。もちろん、談話の収録やグループインタビューなど、複数のインフォーマントから情報を得ることを目的とした調査は、この限りではない。

3.3. インフォーマントの探し方

調査対象地域が、出身地やなじみのある土地なら、家族や親戚、知り合いに頼んで、インフォーマントになってもらったり、人を紹介してもらうのがよい。また、自分の方言を内省できれば、自分自身がインフォーマントである (3.2. (1))。

自分になじみのない土地の場合や、多人数のインフォーマントを確保しな

ければならない場合は、公的機関の協力を得ることになる。市町村の教育委員会に依頼して、地域の人を紹介してもらうことが多い。具体的な依頼のしかたについては、3.4. で述べる。

このほか、すでに調査を行っている地域であれば、前の調査で協力的で的確な回答をしてくれた人に、引き続き別の調査内容でインフォーマントをお願いすることもある。

約束をせずに、突然人の家を訪ねたり、道や商店などで地元の人に声をかけて、インフォーマントを探すやり方を「飛び込み式」という。かつて、特に方言地理学の調査では、この方法が推奨されたが、知らない人が突然やって来て、少なからぬ時間をとるのは、どんなにオープンマインドで良心的な人にとっても、やはり迷惑に感じることがあるものである。特に現代では、生え抜きの人が簡単に見つかるとは限らないし、多忙な中、急に時間を取ってもらうのはさらに困難である。訪ねた家が、過去に悪質な訪問販売の被害を被っていることもあり、そうなると、飛び込みであるというだけで非常に警戒されることになる。やはり、あらかじめ約束をして訪ねるのが礼儀であるし、きちんとした調査データを得る方法でもある。

しかし、方言地理学的調査で全集落の調査を行う場合などには、実際問題として、集落ごとに適当なインフォーマントを事前に探すのは難しいのも事実であり、飛び込み式によることもある。その場合は、個人の家を直接訪ねるのではなく、その集落の商店に入って適当な人を紹介してもらったり、町内会長や老人会長を教えてもらい、そこから適当な人を紹介してもらう、というやり方を取ることが多い。これだとインフォーマントの不信感も多少緩和される。なお、飛び込み式で探したインフォーマントには、ゆっくり時間をとってもらいにくいことも多いので、調査を普通より短い時間で切り上げる配慮が必要である。また、インフォーマントにとっては急なことであるので、玄関先や縁側に腰掛けて、あるいは、仕事を中断して(または仕事をしながら)立ったままの調査となることもままある。このように、腰を落ち着けた調査場所が確保できない可能性があることも、頭に入れておきたい。

サンプリング調査の場合は、統計学のランダム・サンプリング(いわば「く

じ引き」)の手法に則って、住民のリストからサンプル(標本)を抽出する。住民のリストとしては、各市区町村役場に備えられている「住民基本台帳」を利用することが多い。住民基本台帳に記載されている情報のうち公開されているのは、住所、氏名、性別、生年月日の4項目である。閲覧の手続きや条件は自治体によってかなり異なるので、まず、役所・役場のHPで調べたり、直接電話をして、必要な手続きを確かめるのがよい。一例として、東京都小金井市は「小金井市住民基本台帳の一部の写しの閲覧に関する事務取扱要綱」をHPで公開している(小金井市公式WEBトップページ http://www.city.koganei.lg.jp/ で「住民基本台帳」「閲覧」のキーワードで検索)。サンプリングの具体的な手順については、統計学や社会調査の解説書によるほか、経験者のアドバイスを受けることが望ましい。

なお、現在、住民基本台帳はだれでも閲覧できるが、個人情報保護法の影響で、今後、閲覧を制限する法改正が行われる動きがある。学術研究を目的とする閲覧は引き続き許可される見通しだが、手続きなどが大幅に変わる可能性があるので、注意が必要である。

3.4. 公的機関への依頼のしかた

市区町村の教育委員会にお願いして、地域の人を紹介してもらう場合、少なくとも調査の1ヶ月以上前に、まず電話で連絡をとる。基本的に受け入れてもらえるようなら、依頼状を出す。

電話では、調査の責任者、調査の目的、内容、調査期間、規模、協力を依頼したい内容(インフォーマントの紹介だけか、調査会場の提供・紹介もか)などのあらましを伝える。先方の部課名と担当者の名前、依頼状の宛先を忘れずに聞く。

依頼状では、電話で伝えたことのほか、インフォーマントの条件と人数、調査時間などを、はっきりと記す。また調査を受ける側は、何を聞かれるのか不安に思うことが多いので、調査票の見本を同封する。次に、依頼状の例を示す。

依頼状が届いたころを見計らって電話をかけ、担当の人と打ち合わせをす

協力機関への依頼状の例

2006年10月3日

Ａ市教育委員会教育長 殿

南北大学文学部
助教授　里　山　　睦

方言調査の話者紹介のお願い

　南北大学文学部の里山と申します。方言研究を専門としており、Ｇ県各地の方言を調査しております。このたび、私の担当する授業で実施している方言調査を、Ａ市で行いたいと考えております。
　今回の調査は、Ａ市からＺ市にかけての地域で行う方言調査の一環です。北のＡ市、南のＺ市という、県を代表する二つの市に挟まれたこの地域において、方言が現在どのように使用されているかを明らかにし、あわせて、衰退しつつある伝統的な方言を記録にとどめることを目的としています。
　今回のＡ市での方言調査の計画は次のとおりです。

　　調査対象地　　Ｇ県Ａ市内
　　調 査 期 間　　2006年11月18日（土）・19日（日）の2日間
　　調 査 員　　南北大学文学部の教員と学生、計20名程度
　　調査の内容　　調査票の一部を同封いたしましたので、ご参照ください。
　　調査の方法　　学生が、お一人お一人に質問をさせていただきます。
　　調 査 時 間　　お一人につき、1時間〜1時間半程度

　つきましては、調査にご協力いただける方をご紹介いただきたくお願い申し上げます。ご紹介いただきたいのは、次のような方です。

　　出　　身　　Ａ市のお生まれで、少なくとも15歳まではＡ市内で育った方。
　　　　　　　　その後Ａ市を離れていたとしても、その期間が10年以内の方。
　　年　　齢　　60歳代・70歳代
　　人　　数　　20名
　　性　　別　　男女どちらでも結構です。
　　その他　　　ふだんお使いのことばを、そのままお答えいただければ結構ですので、特に方言について詳しい方である必要はありません。

　ご協力いただいた方には、些少ですが謝礼品を用意しております。
　また、調査会場として、みなさんにおいでいただける、適当な場所がございましたら、ご紹介いただければ幸いです。
　以上、突然のお願いで恐縮ですが、どうかよろしくお願い申し上げます。

連絡先　南北大学文学部　里山睦研究室
〒***-8561　南北市東西町1-1
TEL / FAX 0**-***-****　e-mail ****@nanboku.ac.jp

る。教育委員会から、直接インフォーマントを紹介してくれることもあるが、地区の町内会長、公民館長、老人会長、（生徒を対象とする場合は）学校の校長などを紹介してくれることもある。その場合は、あとはこの世話役の人と直接連絡を取って、具体的な日時や場所を決める。インフォーマントが決まったら、氏名と連絡先を知らせてもらう。次ページのような用紙を、依頼状に同封しておいてもよい。

　世話役の人と相談し、調査日時の確認を兼ねて、個人あてに依頼状を出す場合もある。協力機関から出されることも多いが、次々ページには、調査責任者から個人にあてて出す場合の依頼状の例を示す。

　調査の2日程前になったら、インフォーマントに電話をかけ、調査日時の確認をする。自宅を訪ねる場合は、このときに道順を聞いておくとよい。

　多人数のインフォーマントを探す場合、協力機関や世話役の人が手を尽くしてくれても、条件に合うインフォーマントがなかなかそろわないことがある（特に20代から50代の社会的活躍層のインフォーマントを多人数確保するのは難しい）。そのようなときは、インフォーマントになってくれた人に、調査終了後、「お知り合いでご協力いただけそうな方をごぞんじありませんか」と聞いてみてもよい。調査を受けて、難しいことはなかった、むしろ楽しかったと安心して、好意的な印象を持ってもらえていれば、心当たりの人を紹介してくれることも多い。あとはその人と連絡を取って、紹介を受けたことを告げ、協力をお願いする。

　なお、教育委員会も地域の世話役の人も、忙しい中ふだんの仕事に上乗せして、紹介や調整の労を執ってくれる。遠慮しすぎて調査が十分に遂行できないのは困るが、余分な負担や手間はかけないように配慮することが必要である。

4. 調査会場を確保する

　調査は、調査員がインフォーマント宅を訪ねるか、公民館、学校、宿泊施設などの調査会場にインフォーマントに来てもらって行う。両者の利点と注

インフォーマント情報の記入用紙の例

◆A市のお生まれ、在住で、調査にご協力いただける、60代・70代の方をご紹介ください。お心当たりの範囲で結構です。ご紹介いただいた方にはこちらから改めてご連絡させていただきます。

【11月18日（土）】
(1) 13：30頃から

　　② ふりがな
　　　氏　名　　　　　　　　　　　　　　歳　男・女
　　　ふりがな
　　　住　所　〒
　　　電　話

　　② ふりがな
　　　氏　名　　　　　　　　　　　　　　歳　男・女
　　　ふりがな
　　　住　所　〒
　　　電　話

(2) 15：30頃から

　　② ふりがな
　　　氏　名　　　　　　　　　　　　　　歳　男・女
　　　ふりがな
　　　住　所　〒
　　　電　話

　　② ふりがな
　　　氏　名　　　　　　　　　　　　　　歳　男・女
　　　ふりがな
　　　住　所　〒
　　　電　話

【11月19日（日）】
(1) 10：00頃から

──────〈略〉──────

※ 同封の返信用封筒、もしくはFAX（0**-***-****）にてお知らせください。

インフォーマントあての依頼状の例

2006 年 11 月 8 日

森田 和 様

南北大学文学部
助教授　里山　睦

方言調査へのご協力のお願い

　このたび、南北大学の里山が担当する授業におきまして、A市の方言調査を行うことになりました。今回実施するのは、A市からZ市にかけての地域で行う方言調査の一環です。北のA市、南のZ市という県を代表する二つの市に挟まれたこの地域において、方言が現在どのように使用されているかを明らかにし、あわせて、衰退しつつある伝統的な方言を記録にとどめることを目的としています。
　A市J地域センターの遠山 望 所長からご紹介いただき、森田 和 様に、調査へのご協力をお願いすることといたしました。下記の要領でご協力いただきたく、お願い申し上げます。

- 場　　所：J地域センター（ご自宅に伺うこともできます）
- 日　　時：2006 年 11 月 18 日（土）13：00 ～ 14：30
- 調査内容：こちらからお聞きしたい内容について、質問票を用意しております。
  　　　　　学生の質問に対して、ふだん、ご自身が使っていらっしゃることばをお答えいただければと思います。
  　　　　　前もってご用意いただくことは特にありません。

お忙しい中とはぞんじますが、どうぞよろしくお願いいたします。

※お問い合わせは下記にお願いします。
　J地域センター　川上　明（TEL 0***-**-****）
　南北大学文学部　里山　睦（TEL 0**-***-****、e-mail ****@nanboku.ac.jp）

意点に関しては、第6章7.参照。飛び込み式でインフォーマントを探す場合などには、屋外（田畑、ゲートボール場など）で調査を行うことになることもある。場合によってはやむを得ないが、録音の質を重視する場合はもちろん、落ち着いて調査に応じてもらうためには、原則として一定の調査場所を確保しておく。

　調査会場を確保するには、インフォーマントの紹介を依頼するときに、一緒に、協力機関に紹介・提供をお願いする。会場として使用する期間・時間、何室必要か（1つの時間帯に何組の調査を行いたいかをもとに）、必要な場合は使用料を支払うことなどを伝える。会場としては、公民館に類した施設（地域センター、町内会館など名称はさまざま）を紹介されることが多い。インフォーマントが少数で時間も短い場合は、役所・役場の一角や会議室を提供してもらうこともある。

　インフォーマントが少人数なら、宿泊施設を調査会場とすることもある。この場合は、宿泊施設の人に、方言調査のために人が訪ねて来ることを説明し、了解を得ておいた方がよい。

5. 現地情報を収集する

　インフォーマント探し、調査会場の確保と併行して、調査地域の概要（市町村の簡単な沿革、主な産業・特産物、名所、人口、交通など）、現地へのアクセス（公共交通機関の経路、所要時間、運賃、時刻表、道路状況など）、調査地域内での移動手段、調査地周辺の地理、行政に関するニュースなど、現地の情報を収集する。観光ガイドブックや自治体のホームページ、各種地図が役立つ。これらの情報は適宜「調査の手引き」に掲載する（第5章10.参照）。

　また現地に向かう前に、調査地の方言について、概説書などでひととおり勉強しておきたい。調査地の方言の文字化付き録音資料があれば、それを聞いてみるのもよい。テーマとすることについてポイントを絞って問題点を明確にしておくことは、研究として大切だが、それだけでなく、ざっとでいい

からその土地のことばの全体について知っておけば、いざ現地で地元の人と話すときに、とまどうことが少ないし、話もはずむだろう。なじみのない土地に予習をせずにはじめて行って、地元の人が何を言っているのかまるで聞き取れもしないのでは、そもそも調査にならない。実際には、予習をして行っても歯が立たないことはあるが、それでも、予習した知識はいろいろなところで役に立つ。

　協力機関とのやりとりによっては、必要に応じて、代表者 1 ～数名が、事前にあいさつを兼ねて打ち合わせに行くこともある（協力機関へのあいさつについては、第 6 章 4.3. も参照）。このときに、調べておいた交通手段で現地入りすれば、所要時間などを確認することができる。

　現地では、調査に関する打ち合わせ、関係者との顔合わせ、調査会場・宿泊施設・関係機関の場所の確認や施設内の配置の下見を行うほか、この機会を利用して、現地でこそ入手できる情報を収集しておきたい。協力機関の人の話からは、文献からは知ることのできない、その土地の人の方言に対する意識や、地域の情勢など、様々な情報が得られるだろう（ときには、以前にその土地に方言調査に訪れた人の話を聞くこともある）。ふだんの地域の様子（人通り、街の活気、多く作られている作物）や風景、ランドマークなどを見ておくと、調査結果の分析にも役立つし、調査中にインフォーマントとの雑談の話題とすることもできる。図書館の郷土資料コーナーに行けば、一般には流通していない方言集などの資料が入手できることがある。役所・役場や駅などに置いてあるパンフレットには、地域の情報が手際よくまとめられているし、簡略化された地図は意外に役に立つことが多い（情報収集については、第 6 章 4.2. も参照）。また、このときに合わせて少人数のインフォーマントを紹介してもらい、準備調査を行うこともある。

　なお、土地勘のない地域の場合、宿泊施設については、協力機関（個人の調査の場合はインフォーマントでも）に尋ねてみるとよい。場所、人数、料金などを勘案して適当な所を紹介してくれることが多い。ただし、紹介を受けたらそこに宿泊し、その後同じ調査地を訪れる場合は、原則として同じ宿に宿泊する。調査者は軽い気持ちで宿を変えていても、紹介者が気分を害す

ることもある。

6. 調査に必要な持ち物

　調査員が調査の場に携行する道具には、次のようなものがある(第5章7.、第6章2. も参照)。

① 調査票、話者への提示用資料
② 筆記用具、メモ用紙
③ 画板(クリップボード)：机がないときのために
④ 録音(録画)機材(MD・DAT・リニアPCMレコーダ・カセットテープレコーダなどの録音機、デジタルビデオカメラなどの録画機材、マイク、イヤホン、三脚など)
⑤ 録音(録画)用メディア(MDディスク・DATテープ・メモリーカード・カセットテープ・miniDVテープなど)、電池、メディアケース用インデックス
⑥ 身分証明書、名刺
⑦ 個人情報の公開に関する承諾書
⑧ 謝礼品
⑨ カメラ：記録・記念撮影用
⑩ 携帯電話：連絡用
⑪ 「調査の手引き」

　複数の調査員が集団で調査を行う場合、①④⑤⑦⑧⑪は全体で用意する。⑥は個人または全体で用意する。②③⑨⑩は個人のものを使うことが多いだろう。
　①の調査票の作り方については第3章参照。
　④の録音(録画)機材の種類と選び方については第7章を参照。録音(録画)機材は、調査前早めに動作確認を行い、故障していたら修理に出しておく。

また、テープを使う機材はヘッドクリーニングを行っておく。調査時の録音はとりなおしができないので、事前の動作確認と操作の練習 (8.2. 参照) は入念に行う。

　⑥の身分証明書は、特に、調査員がインフォーマント宅を訪問するときに提示することがある。しかしこれはインフォーマントの手元に残らないので、正式な身元確認はともかく、自己紹介としては、名刺を渡す方がよいだろう。調査者の名前を覚えてもらえば、インフォーマントからも話しかけやすくなり、うち解けた雰囲気作りに役立つ。学生などでふだん名刺を持っていない場合は、ワープロを使って、市販の名刺用用紙にプリントアウトして作ればよい。下に例を示す。連絡先は、自宅ではなく調査責任者の研究室にしてある。

```
南北大学 文学部 4 年
2006 年度 A 市・Z 市間方言調査 調査員


　　　　うみ　　やま　　　　はるか
　　　　海　　山　　　遥


〒 ***-8561 南北市東西町 1-1
南北大学文学部 日本文化（里村睦）研究室
TEL & FAX: 0**-***-**** （研究室直通）
```

　つづいて⑦の「個人情報の公開に関する承諾書」について説明しよう。研究成果の公表の際に、インフォーマントの個人情報をどこまで明らかにするかは、インフォーマントの合意を得る必要がある（第 1 章参照）。個人情報の公開は、研究データとして必要な場合と、協力者個人の労に報いる意味で公表する場合とがあろう。これらを含めて、その調査の結果の公表のしかたと個人情報の扱い方をあらかじめ決めておき、調査時までにインフォーマントに知らせるか、調査時に説明して承諾を得る。

　具体的には、たとえば、個人あての依頼状 (3.3.) や、自記式調査ならアンケート用紙の冒頭に、「この調査で教えていただいたことは研究以外の目的

個人情報の公開に関する承諾書の例

承　諾　書

2006 年 11 月 18 日

南北大学文学部
　　里　村　　睦　様

氏名

　私は、A 市方言調査に、方言話者として協力するにあたり、研究成果報告物（論文、冊子、ウェブサイトなど）に、下記の項目を掲載することを承諾します。

1. 話者情報
　　□ 氏名　　　　　□ 性別　　　　　□ 生年　　　　　□ 出身地 [1]
　※ 公開を認めない項目について、×を付けてください。×が付けられた項目は、研究成果報告物には「非公開」と表示します。

2. 調査で収録した生データ [2]
　　□ 調査時の音声（録音）のデータ
　　□ インタビューの音声データ
　　□ インタビューの文字化データ
　　□ 調査時の録画（写真・ビデオ）のデータ
　※ 公開を認めない項目について、×を付けてください。×が付けられた項目は、研究成果報告物には個人が特定できる形では掲載いたしません。

1) 出身地は大字単位で掲載します。
2) 生データとは、調査時に収録したデータに手を加えないデータを指します。加工データ（音声波形、発音記号による記述、インタビューの内容の要約など）は、研究の範囲内で適宜使用させていただきます。

以　上

には使用しません。結果の公表にあたっては、個人が特定できないようにするなど、プライバシーの保護には十分に配慮いたします。」のように、個人情報の扱いに関する包括的な方針を記載したり、特に書面は示さず、口頭で簡単な確認を行うというような方法がとられている。

また最近では、個別的な事項を示して書面で承諾を得ることも行われるようになってきた。前ページに、このようなタイプの承諾書の例を挙げているので参照されたい。

なお、個人情報の扱いに関する説明と承諾は、これまで実際には行われないことも多く、研究者の良識に任されてきた面がある。しかしプライバシー意識、個人の権利意識の高まりに伴って、今後は確実に必要性が高まっていくと考えられる。

⑪の「調査の手引き」については第5章参照。

7. インフォーマント・協力機関への謝礼

⑧の「謝礼品」は、調査終了時にインフォーマントに渡すものである。短時間の多人数調査の場合、金銭的な対価ではなく、協力していただいたことへの感謝の気持ち、という意味合いが強い。ボールペンやタオル、入浴剤、

図書カード、菓子など、少額(200～500円程度)でふだん使える物が適当であろう(面接調査では調査の間持ち歩くことになるし、通信調査では郵送するので、軽くてかさばらない物がよい)。また、ボールペンやタオルに調査名や調査機関名を入れたり、方言をデザインに取り入れた、手ぬぐい、メモ帳、はがきなどを作ることもある。インフォーマントに記念として喜ばれるので、工夫してみるのもよい。ただし、組織的な調査ではなく、学生が個人で調査を行う場合は、調査後に丁寧なお礼状を書けば十分で、必ずしも謝礼品を用意する必要はないだろう。

　また、協力機関にあいさつに行くときや、個人の調査でインフォーマント宅に伺うときは、一般的な儀礼の範囲で、数千円程度の菓子などを手みやげに持って行くことが多い。

　なお、研究機関によってはインフォーマントなどへの謝礼品の基準の金額を決めている例もある。たとえば、国立国語研究所では、やや古い取り決めだが、各種言語調査で謝金の代わりとして謝礼品(テレホンカード)を配付する場合、1～2時間を要する調査では、面接調査は1,000円、アンケート調査は集合調査1,000円、自宅・郵送500円などを原則とし、実情に応じて判断するとされていた(平成9年4月1日適用「謝礼品(テレホンカード)の取扱いについての申し合わせ」)。

　インフォーマントに協力謝礼金(謝金)を支払うかどうかについては、今のところ確たる基準はないと思われる。社会学や心理学などの研究分野では、短時間の調査協力でも、インフォーマントに謝金を支払うことが多いようだが、方言調査では今のところ、少なくとも短時間であれば、厚意による協力と受け止めて、謝金は支払わないことが多い。ただし、1人のインフォーマントに何日間もかけて長時間の調査を行う場合など、研究者によっては謝金を支払うこともあるようである。科学研究費補助金(9.2.参照)では「専門的知識の提供」として、情報提供に関する謝金の支出が認められている。インフォーマントの協力(時間と情報の提供)に対する対価をどのように考えるかは、ほかの研究領域や地域の実情に目を向けつつ、一度方言研究者の間で議論しておくべき問題であろう。

また、謝礼とは別に、調査後には必ずお礼状を書く。さらに後日、調査結果をまとめた論文や報告書ができたら、インフォーマントと協力機関に送る。できれば、ダイジェスト版のようなわかりやすい形のものも作るとよい。卒業論文などのために学生が行った調査でも、論文の要点をA4数枚程度にまとめた簡単な報告を作成して送るのが望ましい。また協力機関から、市民講座などで方言についての話をしてほしいと頼まれることがある。その際は、研究成果を現地に還元するよい機会ととらえ、積極的に引き受けたい。調査結果がどのような形になったかを協力してくれた方々に報告することは、謝礼以上に意味のあることである（第6章10.3.参照）。

8. 調査員と調査の組織

8.1. 調査の組織

　ある程度以上の人数の調査員で調査を行う場合は、その中での役割分担を決め、準備から調査の実施までを行う。調査の規模や体制・メンバーの構成によって異なるが、たとえば次のような役割がある。

① 調査の統括責任者
② 調査内容についての責任者
③ 責任者を補佐し、実務を行う幹事役
④ 調査の準備・実施に必要な役割分担（調査道具準備、印刷、車の運転など）

　①の統括責任者は、調査の企画実施全体に最終的な責任を負う立場である。別に、②の調査内容についての責任者を置き、調査票の作成や、調査内容に関する調査員からの質問への対応などについては、その人が中心になってあたることもある。また、現地との連絡（ただし、少なくとも協力機関との最初の接触は、統括責任者が行う）、調査スケジュールの立案、「調査の手

引き」の作成などの実務的な仕事を、③の幹事役の人が中心となって行うこともある(調査の規模などによっては①〜③(と④の一部)を1人の責任者が行うこともある)。

　④は調査の準備と実施段階の係分担である。具体的な例は第5章を参照。たとえば調査票・機材・メディア・謝礼品などの調査道具に関しては、手配(必要な数量の確認と確保、消耗品・謝礼品の購入、機材の動作確認と修理など)、運搬(荷造り、現地に運ぶ(調査員が分担して持って行く・自家用車で運ぶ・事前に配送する)、出発地に持ち帰る)、管理(調査員への配付と回収、数量の把握、所在の確認など)といった仕事がある。

　なおこのうち、調査道具の「必要な数量の確認と確保」については、調査と研究全体の流れを具体的にイメージして必要数を計算し、現地で足りなくなることのないように用意する。たとえば、インフォーマントが60名の場合、調査票は60部では足りない。1人のインフォーマントに対して、2人の調査員があたり、それぞれが調査票に記録すると120部使う。また調査の際には、予定していなかったインフォーマントがいたときのために、調査員は調査票を余分に持っていた方がよい。ほかに、調査員の勉強用、協力機関などに送付、調査終了後の結果の整理に使用、などと考えると、200部用意しても多いことはない。

　調査組織、役割分担は調査員全員に周知し、何かあったときにだれに相談すればいいかわかるようにしておく。

　個人の調査では、このうち、チームでの調査に特有の事項(「調査の手引き」の作成など)以外を、すべて1人で行うことになる。

8.2. 調査員の訓練

　調査票ができ、「調査の手引き」もできあがったところで、全員が参加して、調査前のミーティングを持つ。このミーティングでは次のようなことを行う。

① 調査の目的、調査内容など、調査の全体像の把握、共有

② 調査地域の概要、調査対象地の方言の特徴など、現地情報の紹介
③ 調査票の各項目の設定意図の理解
④ 日程、役割分担、自分の担当する調査の割当て、集合時間、移動方法、調査地の地理など、各自の行動予定の確認
⑤ 調査の実際(質問のしかた、音声記号の表記法など)、録音機の操作法など、実践的な練習

①②④は「調査の手引き」に沿って、③は調査票によって、それぞれの内容を把握している人が説明を行うことになるだろう(大学の演習やゼミの授業で準備を進めてきた場合などは、①②③⑤はすでに授業中に行っているかもしれない)。

⑤は、特に方言調査の経験のない(浅い)調査員に対して必要である。

調査の実際の進め方については、以前の調査の録画があればそれを見るとよい。経験のある調査員が、インフォーマント役と調査者役になって模擬調査を行って見せるのも、1つのやり方である。また、友人や家族にインフォーマント役になってもらい、調査票を使って質問してみると練習になる。

音声記号による記録は、ふつうは慣れた調査員が行うべきだが、特に、特徴的な方言音声の聞かれる地域で調査を行う場合は、現地でことばを聞き取るためにも、ある程度の予備知識を持って臨むようにしたい。

録音機の操作法は、本番の調査で失敗したりあわてたりしないように、テープのセット、ボタンの操作、バッテリーチェック、マイクの設置、モニタリング、録音レベルの調整、試し聞き、テープの交換のタイミングなど、実際に練習を行って扱い方にじゅうぶん慣れておく。

なお、方言「調査」と言っているが、実際は調査者は、インフォーマントからその土地のことばを教えてもらう(勉強させてもらう)立場にある。また、調査に応じてくれるインフォーマントは、ふだんの生活の中で一定の時間をわざわざ割いて協力してくれる。このような調査に臨むにあたっての基本的な姿勢についても、このときに確認しておきたい。

また、調査実施の際には、体調を整え、事故のないよう気をつけるのはも

ちろんだが、万一のときのために傷害保険に加入してもよいだろう。一般の旅行保険のほか、学生であれば教育研究活動中の事故などを対象とする保険もあり、掛金も安価である。

9. 調査経費を工面する

9.1. 調査経費のめやす
　調査には経費がかかる。ここで、次のような例を想定して、1回の調査にかかる経費をおおまかに概算してみよう。

- ・出　発　地　　東京都立川市
- ・調　査　地　　千葉県館山市とその周辺。宿泊地はJR館山駅近く。
- ・調査期間　　2泊3日
- ・調　査　員　　20名（教員と授業の一環として参加する学生）
- ・インフォーマント　　60名
- ・交通手段　　調査地までは、自家用車1台に3名乗車。ほかは電車で移動。調査地でレンタカーを2台借りる。調査地域内は車と公共交通機関（電車・バス）で移動。
- ・そ　の　他　　調査は、4箇所の調査会場と一部インフォーマント宅で行う。事前に1回、協力機関と打ち合わせを行う（電車利用、3名、日帰り）。

　出発地の立川市は東京都の西郊、調査地の館山市は千葉県の南端に位置する。距離は約150kmで、鉄道（JR中央線・内房線、特急利用）でも、車（高速道路利用）でも、移動時間は3時間余りである。
　次ページに概算を示す。
　これは一例であって、実際には調査の計画によって変わってくるところが多い。たとえばここでは、録音に関して、すべてのインフォーマントの調査

を、DAT（正録音）とカセットテープレコーダ（副録音）で収録することを想定したが、さらに録画も行うのであれば、その分のメディア代がプラスされる。また、調査票は自分でコピーや印刷機を使って作ることを想定したが、印刷所に頼んで印刷すれば費用がかかる。

　逆に、この例で経費の多くを占めているのは、交通費と宿泊費であるが、調査地が調査者の居住地や近隣地域であれば、これらはほとんどかからない。学生の卒業論文では、出身地や居住地の方言を調査対象とすることが多

調査経費の試算

費目	内訳	金額
【交通費】		
（出発地―調査地往復）		
自家用車　高速道路（国立府中 IC―富浦 IC）		¥ 12,000
ガソリン代		¥ 5,000
電車　　　運賃・特急料金	@¥8,080×17 人	¥ 137,360
（JR 立川―JR 館山・割引切符）		
同上（事前打ち合わせ）	@¥8,080×3 人	¥ 24,240
（調査地域内）		
レンタカー　借上げ（保険料込）	@¥5,250×2 台×3 日	¥ 31,500
ガソリン代		¥ 3,000
【宿泊費等】		
宿泊（朝食・夕食付き）	@¥7,000×20 人×2 泊	¥ 280,000
昼食代	@¥700×20 人×3 回	¥ 42,000
【保険】		
傷害保険加入	@¥500×20 人	¥ 10,000
【謝礼等】		
インフォーマント謝礼品	@¥300×80 個	¥ 24,000
協力機関みやげ	@¥3,000×8 個	¥ 24,000
【通信費】		
通信費（はがき・切手・宅配便など）		¥ 15,000
【消耗品費】		
電池（アルカリ乾電池単 3×400 本）		¥ 16,000
録音・録画用メディア		¥ 70,000
DAT テープ 120 分× 80 本		
カセットテープ　90 分× 100 本		
紙・文房具　他		¥ 10,000
資料（地図・時刻表・ガイドブックなど）		¥ 5,000
合計		¥ 709,100

い。これは、対象方言に内省がきき、実態や変化の動態を身をもって知っているため、問題の発見や分析に有利である、とか、インフォーマントが探しやすいといった、地の利が生かせることが大きな理由であろうが、経費の点から見ても、メリットがあると言えよう。

なおここには、調査の実施に直接関わる経費のみを計上している。たとえば、調査票作成や事前の勉強などのため、論文をコピーしたり、書籍を購入したりする場合もあるだろうが、そういった費用は含めていない。調査終了後、調査結果の整理のためにかかる費用も挙げていない。録音用機材はすでにあるものとして考えたが、もしなければ別に購入することになる。さらに、この例は大学の授業の一環なので、調査も結果の整理も学生が授業の課題として取り組むことを想定しているが、調査の企画によっては、調査員に謝礼や活動費を支払ったり、結果の整理のためにアルバイタを雇ったりする場合もあるだろう。

9.2. 調査経費の獲得

このような調査経費をどうやって確保するか。すべて個人でまかなうのは、負担が大きいこともある。そこで、調査研究を確実に遂行するために、研究補助金、助成金を獲得することを考えたい。

大学などの研究機関に所属する研究者であれば、最も身近な公募による研究費は、文部科学省・日本学術振興会による科学研究費補助金である。科学研究費補助金は、人文・社会・自然科学のすべての分野にわたる学術研究を対象とした競争的研究資金で、審査を経て、「独創的・先駆的」と認められた研究に対して助成が行われる。応募は毎年秋に所属機関を通して行う。常勤だけでなく、非常勤の研究者も応募することができる。2006年度の採択率は全応募に対して23.5％に上る（文部科学省の専門官の説明によれば、全体の予算額のうち、各研究分野に対してどれだけの額を配分するかは、基本的に、応募件数、応募額に比例するという。つまり、たとえば「日本語学」分野への応募が多ければ、それだけ配分額も増えることになる）。

研究予算の規模や研究内容に応じて複数の研究種目がある。また、小・

中・高等学校の教員など、研究職ではない人のための種目も用意されている。文部科学省（http://www.mext.go.jp/）と独立行政法人日本学術振興会（http://www.jsps.go.jp/）の科学研究費補助金のページに、申請の条件や手続きをはじめとした詳しい情報が載っているので参照されたい。また、これまでに採択された研究課題と成果の概要は、独立行政法人国立情報学研究所の「科学研究費補助金採択課題・成果概要データベース」のページ（http://seika.nii.ac.jp/）で知ることができる。まずは、これまでどのような研究が補助金を受けてきたか、見てみるとよい。実際に研究計画を立て、申請書を書くときには、身近に補助金の交付を受けたことがある人がいれば、そのときの申請書を見せてもらうと、とても参考になる。

　このほか、自治体や民間団体でも、地域振興やことばの研究のための研究助成を行っている（たとえば、財団法人博報児童教育振興会「博報「ことばと文化・教育」研究助成」http://www.hakuhodo.co.jp/）。大学院生に応募資格のあるものもある。こまめに情報を集め、助成の目的が研究テーマと関連付けられるものであれば、積極的に応募してみるとよい。大学では学内の研究助成制度が利用できる場合もあるだろう。

　ただし、研究補助金、助成金は、調査のためだけでなく、研究計画全体（研究目的から研究成果のアウトプットまで）に対して与えられるものであるので、応募にあたっては、調査の規模や必要性、結果の分析の方法なども含め、研究計画全体をよく練る必要があるのはもちろんである。また実際に助成を受けたら、研究期間終了時には研究成果を報告することが義務付けられている。

10. おわりに

　この章では、調査の実施にいたるまでの様々な準備について述べてきた。ここで述べたことは1つのやり方であって、必ずこの方法でなければならないということはない。実際の調査にあたっては、調査の目的を明確にしたうえで、現実に柔軟に対応して、調査の実を挙げられるような準備を進めてほ

しい。

文献

上野善道(1984)「アクセント研究法」飯豊毅一・日野資純・佐藤亮一編『講座方言学 2 方言研究法』国書刊行会

大谷信介・木下栄二他編(1999)『社会調査へのアプローチ―論理と方法―』ミネルヴァ書房

木部暢子(1998)「方言の調査」『日本語学』17-10

木部暢子(2001)「方言調査入門」『月刊言語』30-1

佐藤亮一(2003)「特集 フィールドワーク型授業の実際：山形県三川町における言語調査」『大学時報』52-291　日本私立大学連盟

柴田武(1978)「野外言語学の方法」『月刊言語』7-9

徳川宗賢(1978)「架空教室「言語地理学演習」第一日」『月刊言語』7-9

吉田則夫(1984)「方言調査法」飯豊毅一・日野資純・佐藤亮一編『講座方言学 2　方言研究法』国書刊行会

吉田雅子(1996)「方言とフィールドワーク」『三郎山論集』3、上田女子短期大学

付記

調査関連書類の例の作成にあたって、日高水穂さん(秋田大学)の協力を得ました。
URL の情報は、2007 年 3 月現在のものである。

第5章
調査の手引きを作る

1. 「調査の手引き」とは（どのような場合に「調査の手引き」が必要か）

　方言調査は、個人で行うこともあるが、共同で企画してチームで行う場合もある。共同企画の臨地調査では、調査者やインフォーマントは多人数になる。たとえば、ゼミや研究室、プロジェクトによる調査などでは特に規模が大きくなることが多い。方言調査の初体験は研究室などによる調査だったという人も、近年では少なくないのではないだろうか。

　集団での臨地調査で重要な役割を果たすのが、「調査の手引き」である。どのような目的のために、いつ、どこで、どのような調査をするのか、どんなことに注意が必要かなど、調査の全体像を示すいわばマニュアルとしての役割を果たす冊子である。方言調査においては、このような冊子を用意することによって、調査に関する多様な情報を簡単に共有でき、調査集団としての意思統一を図る手助けとなることから、円滑な調査が期待できるという利点がある。この機能を最大限に利用するためには、事前に各自が読み込み、調査の統括責任者からの説明が行われることが望ましい。また、方言調査への理解と協力を得るために、インフォーマントを紹介してくれる機関や調査会場の管理団体などへの配布資料として利用できる場合もある。

　集団での調査では、多くのインフォーマントを対象に、同じ調査票を使って同一の調査を行うことがある。調査方法を統一するために調査方法に関す

る具体的な注意書きが必要になるが、それを「調査の手引き」に掲載しておくことはあまり適切ではない。調査に必要な情報のうち、具体的な調査内容に関わるものは調査票に記載すべきであり、「調査の手引き」には調査のスケジュールや機材の使い方、宿泊先や交通手段など、調査票ではまかなえない情報を収容するという役割分担が必要である。

円滑な調査は実りの多い結果を与えてくれる。集団での調査を成功に導くために、どのような「調査の手引き」が必要なのか、考えてみよう。

なお、社会学で同様の役割を果たす冊子に「調査員の手引き」(原純輔・海野道郎(1984：177-186)、森岡清志(1998：112-113))がある。これらを参考に、本書では、実際の方言調査で筆者が作成した「調査の手引き」をもとに、架空の調査を例示しながら述べる。したがって、本文中の氏名、地名、団体名などはすべて架空のものである。

2. 調査の全体像を把握するために

調査の全体像を把握するためには、調査の根幹に関わる①をはじめ、次のような情報が必要である。

① 調査概要(調査目的、調査内容、実施年月日、地点、インフォーマント)
② 参加者(調査の統括責任者、調査員、役割分担、班編成など)
③ インフォーマント(インフォーマントの氏名・性別・年齢・住所・電話番号、紹介ルートなど)
④ 調査スケジュール(日程、時間割、交通手段)
⑤ 調査道具リスト(調査票、録音機材、謝礼品など)
⑥ その他(調査手順、調査会場の見取り図、インフォーマント宅の地図、各種連絡先など)

これらの情報を総合し、調査の全体像を描き出すことで円滑な調査の手助けをするのが「調査の手引き」の役割である。以下では、個別にこれらの内

容を確認していくことにしよう。

3. 調査の概要

調査の概要は、調査の根幹に関わるため、「調査の手引き」の冒頭に記載するべきものである。その内容は以下のようなものである。

(1) 調査の目的
(2) 調査内容（項目と方法）
(3) 実施年月日
(4) 調査地点
(5) インフォーマントの年代・性別・人数

(2)～(5)は、ごくおおまかな情報を箇条書きする程度でよいが、(1)では、参加者の事前準備のために、先行研究や参考資料、調査が企画された経緯があればぜひ紹介してほしい。また、調査結果が最終的にどのように発表されるかについても触れてほしい。分析には関わらない参加者・関係者であっても、調査の結果に興味を持つ人は少なくないはずである。

4. 参加者

「調査の手引き」には、調査に参加する人の氏名や役割分担を記載しておく。時間枠に沿って人数がわかるような一覧表にしておくと、調査票の必要部数、宿泊や食事の注文、移動時の人数を数えるのに便利である。

本章では、仮に、ある大学の研究室で、教員1名、調査・研究協力者（他大学の教員）1名、大学院生3名、学部生15名、合計20名が、夏休みに大学の所在県内で2回の調査を企画した場合を想定し、表1のような参加者一覧を作成した。1回目のA調査は1泊2日で18名が参加し、公民館を会場として調査を行う。2回目のB調査は日帰りで20名が参加し、連続する5

つの市町村のインフォーマント宅に調査者がおもむいて調査するというものである。両調査の役割分担として、統括責任者に教員1名、調査・研究協力者1名、調査幹事とその補佐(副幹事兼会計)には大学院生各1名があたる。そのほか、調査票・機材・録音テープ・謝礼品の責任者各1名と、その下で若干名の係が作業を分担する。以下では、この2つの調査(例示の際にはそれぞれA調査、B調査と呼ぶ)を例に、スケジュール作成などを説明する。「調査会場固定型」「調査会場点在型」については後述する(6.2.参照)。

5. 調査班の構成

集団での調査では、数人で調査班を構成し、実際の調査にあたる。調査班では、事前にa～cのような役割分担を決めておく。aは必須だが、少人数のほうがインフォーマントへの負担も小さいので、bcは兼任でも構わない。

　a．主たる調査者(調査班の責任者)
　b．録音係(録音作業を担当し、場合によって調査も分担する)
　c．補助者(調査会場を管理し、場合によって調査も分担する)

B調査のように調査地点を渡り歩く調査では調査班のメンバーは変更しにくくなるが、A調査のように調査会場を1ヶ所に設ける調査では移動が小規模なので、調査の度に異なるメンバーで調査班を組むことができる(6.2.参照)。

6. 調査スケジュール

6.1. 調査スケジュールの作成に必要な情報

調査スケジュールは「調査の手引き」に必須の内容である。調査スケジュー

第5章 調査の手引きを作る 105

表1 「参加者一覧」の例

	氏名	所属	〈調査会場固定型〉A調査（六角村公民館）2006年8月 7日(月)〜8日(火)		〈調査会場点在型〉B調査（話者自宅）10日(木)	
			分担	参加状況	分担	班
1	里山　睦（さとやま　むつみ）	南北大学文学部	統括責任者	◎	統括責任者	1
2	木村　千広（きむら　ちひろ）	山杜大学教育学部	調査・研究協力者	◎	調査・研究協力者	8
3	小島　穂（こじま　みのる）	南北大学大学院博士課程2年	調査幹事	◎	副幹事（会計）	4
4	日比野　成実（ひびの　なるみ）	南北大学大学院博士課程1年	副幹事（会計）	◎	調査幹事	3
5	佐瀬　夏樹（させ　なつき）	南北大学大学院修士課程1年	調査票責任者	◎	調査票責任者	6
6	海山　遥（うみやま　はるか）	南北大学4年生	テープ責任者	◎	テープ責任者	10
7	大信田　哲哉（おおしだ　てつや）	〃　〃			機材責任者	(9)
8	片平　美咲（かたひら　みさき）	〃　〃	機材責任者	◎	機材係	5
9	向坂　莉子（こうさか　りこ）	〃　〃	謝礼品責任者	◎	謝礼品責任者	2
10	潮見　奈々子（しおみ　ななこ）	〃　〃	調査票係	◎	調査票係	7
11	野宮　篤志（のみや　あつし）	〃　〃	しおり責任者	◎	謝礼品係	9
12	笈川　遼太（おいかわ　りょうた）	〃　〃　3年生			調査票係	(7)
13	煙山　紘子（けむやま　ひろこ）	〃　〃	機材係	○	しおり係	(6)
14	曽根　綾香（そね　あやか）	〃　〃	調査票係	○	調査票係	(5)
15	高階　真由（たかしな　まゆ）	〃　〃	テープ係	8日のみ	テープ係	(4)
16	橘　健太朗（たちばな　けんたろう）	〃　〃	調査票係	○	調査票係	(3)
17	手塚　駿人（てづか　はやと）	〃　〃	謝礼品係	○	謝礼品係	(2)
18	仲村　大地（なかむら　だいち）	〃　〃	しおり係	○	しおり係	
19	仁藤　葵（にとう　あおい）	〃　〃	テープ係	○	テープ係	(8)
20	三上　陸（みかみ　りく）	〃　〃	機材係	○	機材係	(1)
			人数：7日17名、8日18名		人数：20名	

A日程の参加者◎○のうち、◎：調査項目提案者。B日程：1〜10：班長、(1)〜(10)：班員

ルを作成するにあたって必要不可欠な情報には、次の (1) ～ (4) がある。

(1) インフォーマントの人数
(2) 調査者の人数
(3) 機材の数
(4) 調査会場の数

通常、これらのどれかが欠けると調査は不可能になるので、スケジュールは (1) ～ (4) に規制されて組まれることになる。たとえば、(1) インフォーマントに対して (2) 調査者が少なければ、実行できる調査は調査者の人数に制限される。また、ほかの数に対して (3) 機材が少なければ、調査は機材の空きを待って行わなければならなくなる。あらかじめ (1) ～ (4) の情報を把握していれば、事前に調査スケジュールが作成でき、それにしたがえば効率よく調査を行うことが可能になる。このような調査スケジュールの作成は、学校の時間割を組むのに似ている。教師、学生、教材、教室、とすべてそろえばこそ、授業が円滑に行われるというわけである。

6.2. 調査スケジュールの種類

調査スケジュールの種類には、およそ次の 3 種類がある。A は、調査会場のローテーション、B は調査者（調査班）のスケジュール、C は機材のローテーションを、それぞれわかりやすく示したものである。

A．調査会場の割り当て表
B．調査者スケジュール表
C．録音機材の割り当て表

どの表を最終的な「調査スケジュール」として利用するかは、調査の形態によって決まる。たとえば、調査会場を公民館や学校など 1 ヶ所に集中させる場合には、A の調査会場の割り当て表を利用するのが効率的である (6.3 参

照）。一方、インフォーマントの自宅など点在する会場を移動して調査する場合には、調査者を軸にしたＢの調査者スケジュール表を「調査スケジュール」として利用すると効率がよい（6.4. 参照）。以下、前者のような調査形態を「調査会場固定型」、後者のような調査形態を「調査会場点在型」と呼ぶ。

　　　調査の形態　　　　　　　**型**　　　　　**適した調査スケジュール表**
・調査会場が１ヶ所に
　集中する場合 ……… 調査会場固定型――Ａ. 調査会場の割り当て表
・調査会場が
　点在する場合 ……… 調査会場点在型――Ｂ. 調査者スケジュール表

　調査スケジュールとして最終的に「調査の手引き」に掲載する表が決まったら、念のためほかの２種類の表も作成してみよう。特定の調査者に調査が偏ったり、調査者の移動や機材・会場のローテーションが間に合わなくなったりする事態を避けるために、スケジュールに無理がないかどうか、さまざまな角度から確認するのである。手間がかかると思うかもしれないが、当日になって問題を起こさないためにも、一度はこのような確認をしておくと安心である。もちろん、確認のための表は簡易なもので構わないし、慣れてくれば大がかりな確認作業は必要なくなるだろう。なお、どのスケジュールを組む際にも、調査会場、録音機材、時間枠などに個別のコード番号をつけておくと便利である。
　録音機材の割り当て表の例示は省略するが、たとえば、「調査会場固定型」では、録音機材を調査会場に対して割り当てておくと調査の度にマイクの接続などの準備をやり直す必要がなくなり、スケジュールも単純になる。一方、インフォーマントの自宅などを調査者が移動する「調査会場点在型」では、録音機材を調査者が携帯するように割り当てると録音機材の受け渡しを行う必要がなくなるので都合がよい。
　なお、大規模な調査では、スケジュールが完全に決定するまでに変更が繰り返されることが多いが、その度に新しい表を作成するのは面倒である。ご

く初期の段階では、付箋紙1枚ずつに調査者や機材の番号、移動手段や所要時間などを記入して表に貼り付けると、変更案の検討が楽になる。たとえばA調査では、表の枠部分（調査会場×時間枠のクロス表）を作り、インフォーマントや調査者などの氏名、機材番号などを個別に記した付箋紙を用意し、表に貼り付けながらスケジュールを考えるというわけである。暫定案ができたら、必要に応じてコピーをとっておくとよいだろう。言うまでもないことだが、付箋紙は剥がれ落ちることのないよう注意が必要である。

6.3. 調査会場の割り当て表を作成する

調査会場の割り当て表は、具体的には、調査会場に個別の番号や名称をつけ、それぞれに調査を割り当てながら作成していく。前述のように、調査会場の割り当て表を最終的なスケジュール表として利用するのに適しているのは、調査会場を1ヶ所に集中させた「調査会場固定型」である。

調査会場となる場所には、さまざまな特性がある。音が反響しやすい場所もあれば、建物の外や隣室の音が筒抜けになる場所もある。明瞭な録音を得るために雑音は少ないほうが有利なので、会場の特性をあらかじめ確かめておくなどして、可能な限り雑音のない状態で音声を収録できるような配慮が必要である。また、高年層などを対象にした調査では、和室で膝をついて座ることで苦痛を与えてしまう場合もある。インフォーマントの状態に合わせてテーブルや椅子・座布団などの設備を選択できるのであれば、そのようにスケジュールを組むのがよい。

直接は調査に使用しない部屋も控え室として必要である。調査本部としてミーティングに利用するほか、調査の道具や参加者の荷物を一時的に保管したり、調査の時刻まで調査者が待機したりする場所である。それらのために調査期間中にできるだけ変更しなくても済む部屋を少なくとも1部屋用意しておくと、ミーティングや待機中の作業（録音の聞き直しや次の調査準備など）が容易になる。また、予定の時間よりかなり早く訪れたインフォーマントに対応しなければならないこともある。そんなときには、臨時の調査会場としても利用できる（第6章4.4.参照）。

第5章　調査の手引きを作る　109

表2　調査会場固定型における「調査スケジュール表」の例（A調査）

8月7日（月）六角村公民館

① 13:00～14:30　　受付係：橘 健太朗、仁藤 葵

会場	(1) 講義室1	(2) 視聴覚室	(3) 研修室1	(4) 研修室2	(5) 和室（松）	控え室（竹）
話者	岡田勝美（75）	和田光子（70）	山元勇雄（68）	太田義彦（71）	筏津弥生（67）	待機： 里山 睦
内容	アクセント	音韻	文法1	語彙1	語彙2	
調査者	調：木村千広	調：佐瀬夏樹	調：小島 穂	調：日比野成実	調：海山 遥	予備機材： DAT6、 CT1～4
録音係	録：仲村大地	録：野宮篤志	録：潮見奈々子	録：片平美咲	向坂莉子	
補助者	補：曽根綾香	補：手塚駿人	補：三上 陸	補：煙山紘子		
機材	DAT1	DAT2	DAT3	DAT4	DAT5	

② 15:00～16:30　　受付係：煙山紘子、向坂利子

会場	(1) 講義室1	(2) 視聴覚室	(3) 研修室1	(4) 研修室2	(5) 和室（松）	控え室（竹）
話者	間宮邦子（67）	米谷佳世（72）	佐竹照子（74）	日外辰彦（75）	和山清司（64）	待機： 佐瀬夏樹
内容	アクセント	文法2	文法1	語彙1	言語行動	
調査者	調：木村千広	調：里山 睦	調：小島 穂	調：日比野成実	調：潮見奈々子	予備機材： DAT6、 CT1～4
録音係	録：三上 陸	録：仁藤 葵	録：曽根綾香	録：橘 健太朗	片平美咲	
補助者	補：手塚駿人	補：仲村大地	補：海山 遥	録：野宮篤志		
機材	DAT1	DAT2	DAT3	DAT4	DAT5	

8月8日（火）

③ 10:00～11:30　　受付係：小島 穂、潮見奈々子

会場	(1) 講義室1	(2) 視聴覚室	(3) 研修室1	(4) 研修室2	(5) 和室（松）	控え室（竹）
話者	湯田昭子（71）	原 晋吉（74）	目黒巖夫（65）	穂積一郎（73）	柴本喜代（79）	待機： 里山 睦
内容	アクセント	音韻	言語行動	語彙2	語彙1	
調査者	調：木村千広	調：佐瀬夏樹	調：野宮篤志	調：向坂莉子	調：日比野成実	予備機材： DAT6、 CT1～4
録音係	録：曽根綾香	録：仁藤 葵	仲村大地	海山 遥	録：煙山紘子	
補助者	補：高階真由	補：三上 陸	録：片平美咲	補：手塚駿人	補：橘 健太朗	
機材	DAT1	DAT2	DAT3	DAT4	DAT5	

④ 13:00～14:30　　受付係：日比野成実、三上 陸

会場	(1) 講義室1	(2) 視聴覚室	(3) 研修室1	(4) 研修室2	(5) 和室（松）	控え室（竹）
話者	友部芳子（70）	兵藤寛司（69）	小岩松太郎（72）	深沢永津子（67）	澤田千瀬（68）	待機： 木村千広
内容	言語行動	音韻	文法2	語彙2	文法1	
調査者	調：片平美咲	調：佐瀬夏樹	調：里山 睦	調：海山 遥	調：小島 穂	予備機材： DAT6、 CT1～4
録音係	潮見奈々子	録：手塚駿人	録：煙山紘子	向坂莉子	録：野宮篤志	
補助者	補：仲村大地	補：橘 健太朗	補：高階真由	補：曽根綾香	補：仁藤 葵	
機材	DAT1	DAT2	DAT3	DAT4	DAT5	

「調査会場固定型」の例（A調査）を想定し、「調査会場の割り当て表」をスケジュール表として作成したのが表2である。「六角村公民館」の6部屋を借り、うち5部屋を調査会場、1室を控え室とした。2日間で4つの時間枠を設定し、合計20名のインフォーマントに面接調査を行う。調査は、分野別に、音韻、アクセント、語彙1、語彙2、文法1、言語行動が各3回、文法2が2回である。調査班は、調査者、録音係、補助者の3名で構成する。調査班には加わらない3名のうち、2名が受付係として受付などに待機し、残りの1名が控え室でトラブルに備える。機材は、基本的に会場に固定して利用し、予備を控え室に常備する。なお、本章で使用する機材のうち、DATはデジタル・オーディオ・テープレコーダー、CTはカセット・レコーダーの略称である。DATを主たる機材、CTを予備として用いることにする。

6.4. 調査者スケジュール表を作成する

　調査者スケジュール表を最終的な調査スケジュール表として利用するのに適しているのは、点在する会場を移動しながら調査する「調査会場点在型」である。この場合の調査スケジュールは、調査者の移動スケジュールでもある。録音機材は、調査者に携帯させるようにするとスケジュールは単純になる。

　「調査会場点在型」の例（B調査）を想定し、「調査者スケジュール表」をベースにしてスケジュール表を作成したのが表3である。具体的には、6地点×5世代のグロットグラム調査を想定した。北から①大豆市、②桑片町、③六角村、④潮唐村、⑤独楽町、⑥模様市の6地点のそれぞれ中心部において、5世代（60代、50代、40代、30代、20代）、計30名の男性を対象に、同一の調査票で調査する。1日間で3つの時間枠を設定し、10班が面接調査を行う。調査班は、主たる調査者（調査責任者）、調査者兼録音係の2人で構成し、機材は各班が2台（うち予備1台）を携帯する。この調査の大まかな流れは以下のようなものである。インフォーマントの不在や道に迷うなどのトラブルを避けるため、前日夜に電話で日時・道順などを確認し、調査班の代表者の名前を伝えておく。当日の朝、南北駅に集合したのち電車に乗

表3 調査会場点在型における「調査スケジュール表」の例（B調査）

班	調査者 （責任者◎）	機材 （予備）	南北駅 9:30集合 移動1	調査1 11:00～ 12:00	移動2 昼食	調査2 13:30～ 14:30	移動3	調査3 15:30～ 16:30	移動4 →大学
1班	里山 睦◎ 三上 陸	DAT1 (CT1)	電車	①大豆市 (60代)	徒歩	①大豆市 (30代)	バス	③六角村 (50代)	電車
2班	向坂 莉子◎ 手塚 駿人	DAT2 (CT2)	電車	①大豆市 (40代)	徒歩	①大豆市 (20代)	徒歩	①大豆市 (50代)	電車
3班	日比野 成実◎ 橘 健太郎	DAT3 (CT3)	電車	②桑片町 (50代)	バス	②桑片町 (60代)	徒歩	②桑片町 (40代)	電車
4班	小島 穂◎ 高階 真由	DAT4 (CT4)	電車	③六角村 (30代)	徒歩	③六角村 (60代)	徒歩	③六角村 (20代)	電車
5班	片平 美咲◎ 曽根 綾香	DAT5 (CT5)	電車	③六角村 (40代)	バス	②桑片町 (30代)	徒歩	②桑片町 (20代)	電車
6班	佐瀬 夏樹◎ 煙山 紘子	DAT6 (CT6)	電車、 バス	④潮唐村 (60代)	徒歩	④潮唐村 (50代)	徒歩	④潮唐村 (20代)	バス、 電車
7班	潮見 奈々子◎ 笠川 勇太	DAT7 (CT7)	電車	⑥模様市 (60代)	徒歩	④潮唐村 (40代)	徒歩	④潮唐村 (30代)	バス、 電車
8班	木村 千広◎ 仁藤 葵	DAT8 (CT8)	電車、 バス	⑤独楽町 (40代)	徒歩	⑤独楽町 (60代)	バス	⑥模様市 (20代)	電車
9班	野宮 篤志◎ 大信田 哲哉	DAT9 (CT9)	電車、 バス	⑤独楽町 (30代)	徒歩	⑤独楽町 (50代)	徒歩	⑤独楽町 (20代)	バス、 電車
10班	海山 遥◎ 仲村 大地	DAT10 (CT10)	電車	⑥模様市 (50代)	徒歩	⑥模様市 (40代)	バス	⑥模様市 (30代)	電車

り、班ごとに、それぞれの最寄り駅で下車、バス・徒歩で各インフォーマント宅に移動する。昼食はそれぞれ近辺の飲食店などを利用する。調査終了後は大学に集合、調査状況を簡単に報告し、調査票・録音媒体（テープ、ディスクなど）・機材などを提出して解散、反省ミーティングは後日改めて行う。

7. 調査道具リスト

　1回の調査に携帯する道具には、調査票、機材のほかにも、謝礼品、お礼状（後日発送する）などのようなものがある。「調査の手引き」には、調査ごとのチェック・リストにして掲載しておくと便利である。調査者自身が数量を書き込めるようにしておくと良いだろう。

　表4は、「調査会場固定型」の例（調査A）における調査道具のチェック・

表4 「調査道具チェック・リスト」の例（A調査）

		調査① 8月7日 13:00～ 14:30	調査② 8月7日 15:00～ 16:30	調査③ 8月8日 10:00～ 11:30	調査④ 8月8日 13:00～ 14:30	合計	各係への 提出・回収 期限
Ⅰ 調査 セット	1.調査票	＿＿部	＿＿部	＿＿部	＿＿部	＿＿部	8/8（火）
	2.呈示用資料	＿＿部	＿＿部	＿＿部	＿＿部	＿＿部	
	3.録音媒体	＿＿本	＿＿本	＿＿本	＿＿本	＿＿本	
	4.INDEXカード	＿＿枚	＿＿枚	＿＿枚	＿＿枚	＿＿枚	
	5.乾電池（4本×）	＿＿セット	＿＿セット	＿＿セット	＿＿セット	＿＿セット	調査当日
	6.礼状	＿＿通	＿＿通	＿＿通	＿＿通	＿＿通	
	7.謝礼品	＿＿個	＿＿個	＿＿個	＿＿個	＿＿個	
Ⅱ 機材 セット	1.録音機本体	No.＿＿	No.＿＿	No.＿＿	No.＿＿	「機材セット」の中身がそろっているかどうか、確認しておいてください。	8/8（火） 大学で 回収
	2.マイク						
	3.イヤホン						
	4.簡易マニュアル						
	5.クリーニングテープ						
	6.ACアダプター						

リストである。Ⅰは調査の回数に伴って数量が多くなるが、個別に配布すると煩雑になるので、調査員ごとにⅠを紙袋などにまとめて入れた「調査セット」を作成し、その袋ごと配布すると簡単である。その際、紙袋に中身の合計数を書いたメモを付けておくと、セットの作成作業が楽になる。また、調査票やテープは、終了後に責任者へ提出する場合もある。提出期限などをリストに記載しておくと便利である。

　Ⅱは「機材セット」である。調査に必要な機材関連の物品をまとめてケースなどに入れた「機材セット」を用意しておくと、不備がなく、配布・回収や携帯にも便利である。「機材セット」には、録音機、マイク、イヤホン、クリーニング・テープなど、ACアダプター、簡易マニュアル（8.2.参照）、整備チェック・リスト（8.3.参照）などがあるとよいだろう。また、調査で使用する録音用媒体（テープ、ディスクなど）や電池のほかに、予備の録音用媒体と電池を入れておくと安心である。

　ほかにも、カメラや録画機器を携帯する場合や、交通費が別途必要になる

場合があるかもしれない。リストには書き込み用の余白があると便利である。

8. 調査機材の使用方法

8.1. 機材数の確認と事前整備

　方言調査で最も活躍する機材は、録音機の類である。個数が不足すると、調査ができない場合もあるので、スケジュールが決まり次第、同時刻に行われる調査の最大数を求め、用意できる機材数で間に合うかどうかを確認する必要がある。また、機材があっても故障していては使用できないので、ひととおりの動作確認をし、整備しておく必要がある。修理に出せば直るまでに時間がかかるため、動作確認は調査の1ヶ月前には済ませておきたい。

8.2. 録音機材の簡易マニュアル

　方言調査で使用する録音機材は、使い慣れたものではない場合が多いため、トラブルも多い。機材によっては電源の入れ方、電池や録音媒体の出し入れなど、基本的な操作がわからないこともある。また、マイクのジャックを本体に接続する際に中途半端に差し込んだためにステレオではなくモノラルで録音され、調査者が質問する声だけが収録されてしまうこともある。録音機材のトラブルを挙げると枚挙にいとまがない。

　機材のトラブルを防ぐために、「調査の手引き」には、録音機材の簡易マニュアルを掲載しておく。メーカーによる詳細な説明書の一部を引用し、加工するのが便利である。さらに、よくあるトラブルを列挙し、対処方法を示しておくとより親切である。また、このような簡易マニュアルは、「機材セット」にも入れておくとよい。

　方言調査で使用する録音機材について、実際の方言調査で使用している簡易マニュアルの一部を紹介しておこう。図1は、ソニー株式会社製のデジタル・オーディオ・テープレコーダー（通称 DAT WALKMAN。型名

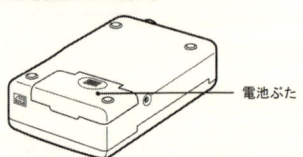

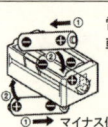

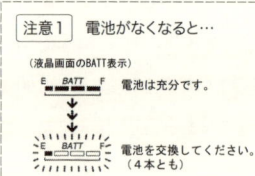

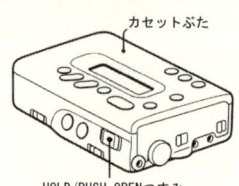

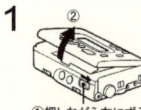

図1 「録音機材の簡易マニュアル」の例

TCD-D8)と、同社製のデジタル録音用エレクトレット・コンデンサー・マイクロホン(型名 ECM-717)を組み合わせた録音機材の使用方法について、取扱説明書(ソニー株式会社(1995)『デジタル・オーディオ・テープレコーダー　取扱説明書(型名TCD-D8)』)の一部を加工した例である。簡易マニュアルには、少なくとも①電源の入れかた、②録音媒体(テープなど)の出し入れ、③機器(マイクなど)の接続方法、④録音手順が必要である。図1では、このうち①②を抜粋した。

　ここまで準備しておいても、残念ながら実際の調査となると予想外のトラブルが起きることもある。そのような場合であっても調査は遂行できるように、予備の機材や媒体、電池を持参しておくに越したことはない。

9.　調査手順の概要・注意点

　はじめて方言調査に参加する場合、調査がどのように進むのかわからず、戸惑うことがあるだろう。調査の流れと注意点を「調査の手引き」に掲載しておくと、調査の中でどのように振る舞えばよいか、また調査準備や事後の作業などを理解する手助けになる。図2は、「調査会場固定型」のA調査について、調査の1回分に対する前日の準備から調査後の作業までの大まかな流れと注意点を図示した例である。

　この場合、当日の③④⑤で、受付係は建物の入り口付近に待機し、話者の到着に注意する。話者が早めに到着した場合には、担当調査班または控え室の待機者に連絡し、対応を相談することになる。また、③の「INDEX情報」とは、調査の概要(調査日時、調査地点(＝話者の住所)、話者氏名、調査会場、調査員氏名、補助者氏名、調査内容、調査(＝録音)の順番など)である。もちろんこれらの情報は、調査票、ラベルなどに書き込んでおく。しかし、万一、ケースやラベルがなくなっても録音媒体を再生するだけで調査概要がわかるように、録音係は録音媒体(テープなど)の冒頭にINDEX情報の読み上げ音声を録音しておこう。「調査の手引き」には、いつ、どのような内容を録音すればよいかを記載しておくと、忘れずに済むだろう。

	調査班の行動	注意点・備考
前日	①調査セット・機材セットの内容を確認	①調査票・機材・謝礼品などの不足は各担当責任者に相談する
	②班ミーティング：時間、場所、インフォーマント、役割分担などを確認	②時間・場所などの変更は責任者・幹事に報告する
当日 30分前	③部屋・機材・調査票の準備	③テープの冒頭にはあらかじめINDEX情報を吹き込んでおく
	④お茶・茶菓の用意（場合による）	
	⑤インフォーマントを玄関で迎える	⑤補助者は玄関でインフォーマントを待つ
10分前		⑤受付係は各話者の到着を確認
開始時刻	⑥インフォーマントを調査会場に案内し、調査班の自己紹介をする	⑥インフォーマント用の椅子や座布団は、状況に応じて補充・用意する
	⑦調査開始	⑦録音係は録音状態に注意
		⑦受付係（接待係）は随時、お茶の補充（場合による）
	⑧調査終了	⑧調査票の質問漏れを確認
終了時刻	⑨インフォーマントにお礼を述べ、謝礼品を手渡す	
終了後	⑩インフォーマントを玄関へ送る	⑩できれば調査班全員で見送り
	⑪受付係に調査終了を報告	⑪受付係は各調査の終了を確認
	⑫調査票・テープINDEXなどの記入漏れを確認	⑫インフォーマント氏名には振り仮名 録音状態を簡単にチェックし、テープの再録音防止ツメをセット
	⑬部屋を整備して退出	⑬次の調査がある場合、機材を残して退出
	⑭調査票・テープ・礼状を提出　各自、次の調査の準備に入る	⑭調査票係・テープ係・謝礼品係へ提出（提出は調査票の点検後、宿泊先・大学などで行ってもよい）

図2　調査会場固定型における「調査の流れと注意点」の例（A調査）

10. 調査地域・調査会場・交通機関の案内

10.1. 調査地域の概要

　調査する地域について、市町村の簡単な沿革や主要な産業・名物、現在の人口、交通などを調べておくと、それを話題にしてインフォーマントとの会話が円滑に運ぶなど、調査の手助けになることが多い。公共の施設や道の駅などに、自治体による観光案内用のパンフレットが置いてあることが多いので、積極的にのぞいてみよう。そのようなパンフレットの地図や情報を抜粋し、「調査の手引き」に引用しておくと便利である（図3参照）。

10.2. 調査会場・宿泊先の案内

　「調査の手引き」には、調査会場の見取り図を掲載するとよい。「調査会場固定型」では会場の利用案内などを引用すると便利である。特に、会場の見取り図があれば引用し、なければ簡単に作成して掲載しておく。図4は、「調査会場固定型」の調査例（A調査）において、六角村公民館のパンフレットに掲載されていた見取り図の一部に、調査会場として利用する際の解説を付けた加工例である。

　調査会場点在型では、インフォーマントの自宅が載っている住宅地図があると便利である。個人の自宅なので、「調査の手引き」には載せずに担当調査者にコピーを渡しておくのがよい。詳細な住宅地図がない場合には、住所から目的地を探せるような地図を用意する。県別のエリアマップなどを利用すると、番地まで探すことができる場合がある。土地によっては、集落の大半が同姓で、屋号で区別する場合もあるので、必ず、インフォーマントの氏名はフルネームで、住所は番地まで、電話番号や屋号も控えておく。わかりにくい場合には、訪問日時の約束を取り付ける際に、インフォーマント本人に道順を確かめておくとよい。

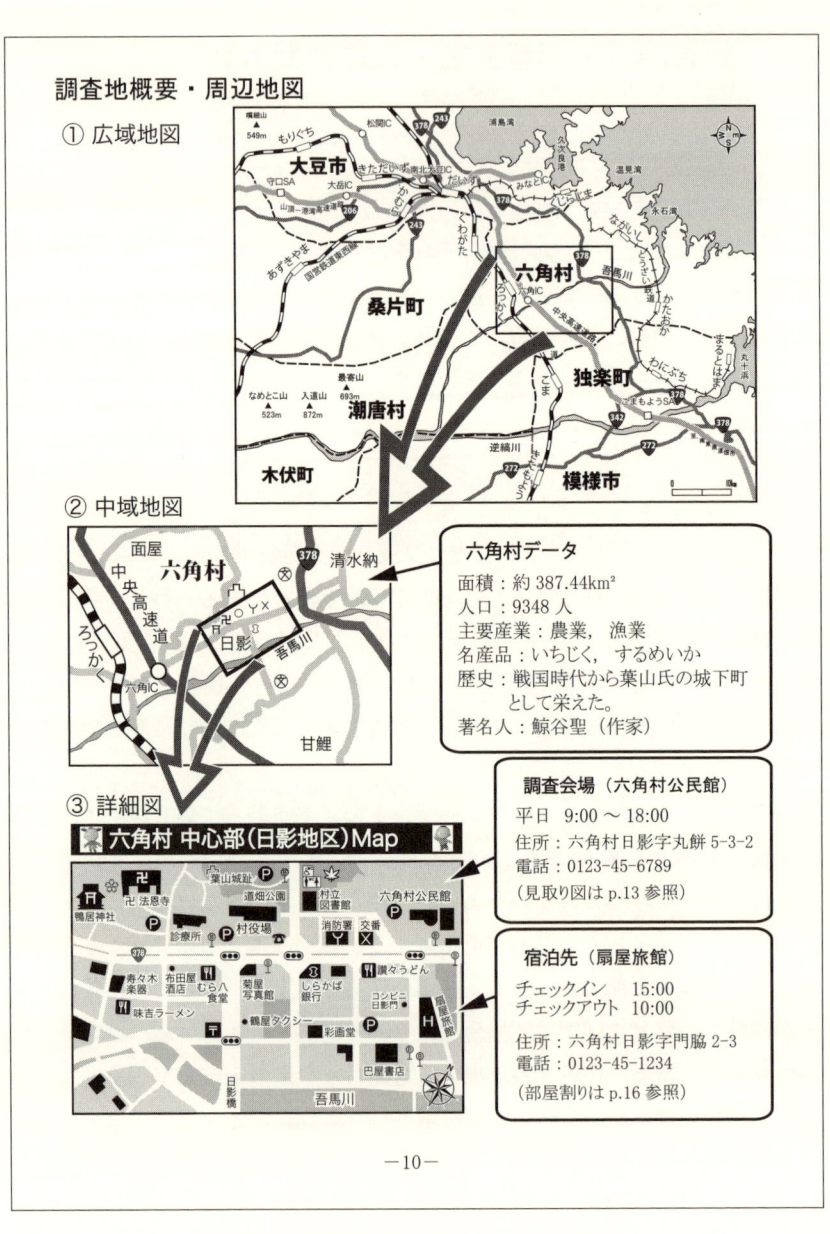

図3 「調査地概要・周辺地図」の例（A調査）

第 5 章　調査の手引きを作る　119

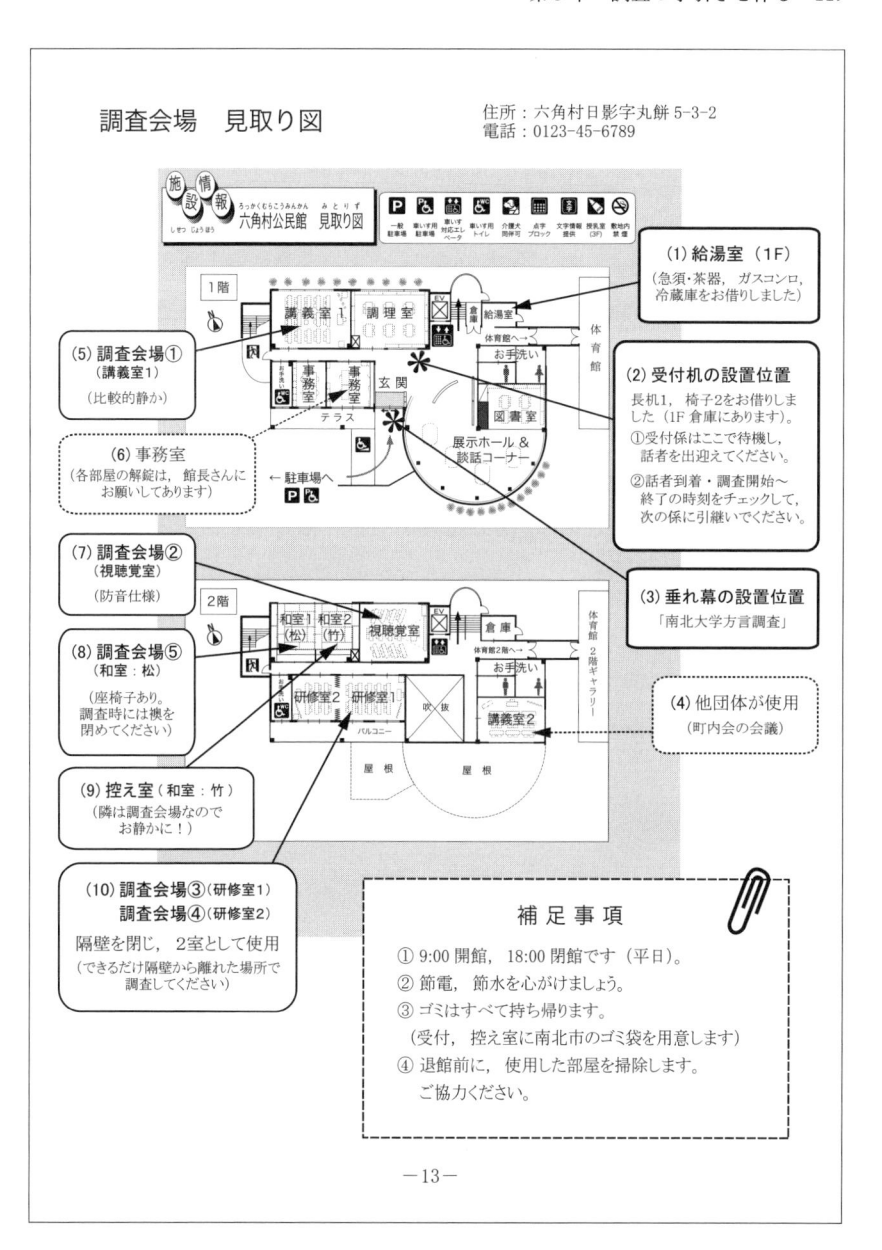

調査会場　見取り図

住所：六角村日影字丸餅 5-3-2
電話：0123-45-6789

(1) 給湯室（1F）
（急須・茶器，ガスコンロ，冷蔵庫をお借りしました）

(5) 調査会場①
（講義室1）
（比較的静か）

(6) 事務室
（各部屋の解錠は，館長さんにお願いしてあります）

(2) 受付机の設置位置
長机1，椅子2をお借りしました（1F 倉庫にあります）。
①受付係はここで待機し，話者を出迎えてください。
②話者到着・調査開始〜終了の時刻をチェックして，次の係に引継いでください。

(7) 調査会場②
（視聴覚室）
（防音仕様）

(8) 調査会場⑤
（和室：松）
（座椅子あり。調査時には襖を閉めてください）

(3) 垂れ幕の設置位置
「南北大学方言調査」

(4) 他団体が使用
（町内会の会議）

(9) 控え室（和室：竹）
（隣は調査会場なのでお静かに！）

(10) 調査会場③（研修室1）
　　調査会場④（研修室2）
隔壁を閉じ，2室として使用
（できるだけ隔壁から離れた場所で調査してください）

補足事項

① 9:00 開館，18:00 閉館です（平日）。
② 節電，節水を心がけましょう。
③ ゴミはすべて持ち帰ります。
　（受付，控え室に南北市のゴミ袋を用意します）
④ 退館前に，使用した部屋を掃除します。
　ご協力ください。

―13―

図4　「調査会場の見取り図」の例（A調査）

10.3. 交通機関の案内

「調査の手引き」には、調査会場までのアクセスと交通機関の時刻表、所用時間や運賃の情報も必要である。交通機関は、地方自治体のホームページに紹介されていることが多く、目的地の最寄り駅(バスの停留所)の名称や時刻表、タクシー会社の電話番号などが確認できる場合がある。また、前述のような自治体や調査会場のパンフレットにも交通情報が含まれていることが多い。それらの情報を総合して、全員が円滑に移動できるような交通案内を掲載しておくとよい。

図5は、「調査会場固定型」の調査例(A調査)において作成された、調査会場までの交通概略図と時刻表の例である。自治体のパンフレットに掲載されていたアクセス案内図などを利用し、加筆したものである。このほか、調査会場や宿泊場所の周辺の商店などを示した簡単な地図があると、昼食などの買い物に便利だろう。

11. インフォーマント一覧

インフォーマントに関する情報には、次のようなものがある。

(1) 氏名・氏名の読みかた
(2) 年齢(年代)・生年月日・性別。場合によっては職業、居住歴など
(3) 住所・電話番号
(4) 紹介ルート
(5) 過去のフェイス・シート情報(2回目以降の調査の場合)

このうち、少なくとも氏名(読みかた)・年代・性別・住所・電話番号については「調査の手引き」に示しておく必要があるだろう。ただし、これらは個人情報であるため、調査終了後には調査参加者から回収・廃棄するなど、扱いには十分な注意が必要である。調査者に関する情報も同様である。調査協力機関に「調査の手引き」を配布する際にも、これらのページはあら

第5章 調査の手引きを作る 121

交通案内・時刻表

① 集合時刻・退館時刻など

※ 8月7日(月)
　調査会場集合 11:30
　（ミーティング後，昼食各自）
　調査準備 12:30 〜 13:00
　調査開始 13:00

※ 8月8日(火)
　調査終了 14:30
　ミーティング 14:50
　後片付け 15:00 〜 15:30
　調査会場退館 15:30

② 六角村公民館へのアクセス

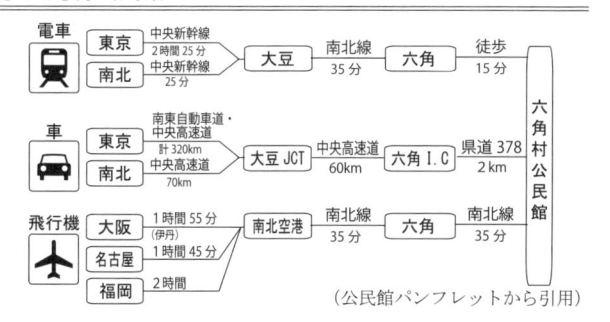

電車　東京　中央新幹線 2時間25分
　　　南北　中央新幹線 25分
　→ 大豆 →（南北線 35分）→ 六角 →（徒歩 15分）→ 六角村公民館

車　東京　南東自動車道・中央高速道 計320km
　　南北　中央高速道 70km
　→ 大豆JCT →（中央高速道 60km）→ 六角I.C →（県道378 2km）→ 六角村公民館

飛行機　大阪（伊丹）1時間55分
　　　　名古屋 1時間45分
　　　　福岡 2時間
　→ 南北空港 →（南北線 35分）→ 六角 →（南北線 35分）→ 六角村公民館

（公民館パンフレットから引用）

③ 東営鉄道＜南北線＞時刻表（抜粋）

片道運賃（南北駅－六角駅）470円

線名	営業キロ	駅名	時刻
南北線（下り）	0.0	＃南　北 なんぼく 発	838　853　908
	3.2	日　下 くさか 〃	841　856　911
	4.8	蟹　沢 かにさわ 〃	844　859　914
	7.1	素　粒 そりゅう 〃	850　905　920
	9.2	新　川 しんかわ 〃	853　906　923
	11.8	早　戸 はやと 〃	858　913　928
	14.2	鷲　繁 うじつなぎ 〃	905　920　935
	16.9	盛　口 もりぐち 〃	913　928　943
	19.8	北大豆 きただいず 〃	
	23.2	＃大　豆 だいず 〃	920　935　950
	25.8	桑　片 くわがた 〃	
	28.4	六　角 ろっかく 〃	925　940　955
	30.6	独　楽 こま 〃	929　944　959
	32.4	北模様 きたもよう 〃	934　949　1004
	35.3	＃模　様 もよう 〃	938　953　1008
	37.2	龍　江 たつえ 〃	941　956　1011
	39.8	丹　生 にゅう 〃	945　1000　1015
	41.3	大信田 おおしだ 〃	949　1004　1019
	45.4	宙　野 おきの 〃	952　1007　1022
	47.5	北五石 きたごいし 〃	954　1009　1024
	50.2	＃五　石 ごいし 着	958　1013　1028

線名	駅名	時刻
南北線（上り）	＃五　石 発	1535　　　1647
	北五石 〃	1539　　　1651
	宙　野 〃	1542　　　1654
	大信田 〃	1545　　　1657
	小　生 〃	1548　　　1700
	龍　江 〃	1551　　　1703
	＃模　様 〃	1555　1637　1707
	北模様 〃	1558　1640　1710
	独　楽 〃	1603　1642　1712
	六　角 〃	1606　1645　1715
	桑　片 〃	
	＃大　豆 〃	1612　1654　1724
	北大豆 〃	
	盛　口 〃	1618　1660　1730
	鷲　繁 〃	1626　1668　1738
	早戸川 〃	1634　1616　1746
	新　川 〃	1638　1620　1750
	素　粒 〃	1641　1623　1753
	蟹　沢 〃	1645　1627　1757
	日　下 〃	1648　1730　1700
	＃南　北 着	1652　1734　1704

（『光栄社 全国時刻表』8月号から引用）

－15－

図5 「調査会場までの交通案内・時刻表」の例（A調査）

かじめ削除しておくべきだろう。また、紛失にも十分な注意が必要である。注意を怠った結果、不用意に個人情報をばらまくことになり、調査協力が得られないばかりでなく、さらに不愉快な事態に発展することがあるかもしれない。情報は、その性格と共有が必要な範囲をよく見極めたうえで「調査の手引き」への掲載・配布を決め、その後の扱いも周知徹底しておく必要がある。なお、「調査の手引き」にインフォーマントなどの情報を掲載しない場合には、調査担当者に忘れずに内容を伝えておこう。

次の表5は、「調査地点固定型」の調査例（A調査）におけるインフォーマント一覧の例である。調査後に回収・廃棄することを考え、ほかの内容とは別の、独立したページに配置しておくのがよい。

12. 各種連絡先

連絡先として「関係諸機関」、「緊急の連絡先」を「調査の手引き」に掲載しておくと便利である。関係諸機関には、調査会場や宿泊先、インフォーマントを紹介してくれた組織の住所・電話番号・担当者名を紹介する。緊急の連絡先には、調査の統括責任者、調査幹事などの連絡先を記載しておく。調査会場点在型の調査では、参加者全員の携帯電話の番号が必要になる場合もあるだろう。インフォーマント一覧と同様、個人情報が含まれるため、掲載の判断とその後の扱いには注意が必要である。

13. おわりに

集団で行う調査の手助けとなる「調査の手引き」の掲載内容について、架空の調査や実在の機材の例を挙げながら説明してきた。実際には、それぞれ個別の調査に対応した「調査の手引き」を作成することになる。

なお、「調査の手引き」の各ページには、図1～5のようにページ番号をつけ、ミーティングなどで参照しやすいようにしておくとよい。

役に立つ「調査の手引き」を作成するコツは、調査の成功像を思い描き、

第 5 章　調査の手引きを作る　123

表 5　「インフォーマント一覧」の例（A 調査）

話者コード	氏名	年齢	調査内容	調査日時 （括弧の数字は調査枠）	住所 〒123-	住所 六角村	電話番号 (0123-45)
HF01	柴本　喜代（しばもと きよ）	79	語彙1	(3)8(火)10:30~11:30	5678	日影字丸餅 14-3	6789
HF02	佐竹　照子（さたけ てるこ）	74	文法2	(2)7(月)15:00~16:30	5678	日影字松葉 23-6	6798
HF03	米谷　佳世（よねや かよ）	72	文法1	(2)7(月)15:00~16:30	5687	甘鯉字新川 309-2	7989
HF04	湯田　昭子（ゆだ しょうこ）	71	アクセント	(3)8(火)10:00~11:30	5678	日影字門脇 4-13	6897
HF05	友部　芳子（ともべ よしこ）	70？	言語行動	(4)8(火)13:00~14:30	5689	清水納関山 59 地割	8967
HF06	和田　光子（わだ みつこ）	70？	音韻	(1)7(月)13:00~14:30	5768	水納字胡桃 1-21	8976
HF07	澤田　千瀬（さわだ ちせ）	68	文法2	(4)8(火)13:00~14:30	5876	古里字道端 548-6	8796
HF08	深沢永津子（ふかざわ えつこ）	67	語彙2	(4)8(火)13:00~14:30	5987	座間字蟹沢 5-3	9876
HF09	間宮　邦子（まみや くにこ）	67	アクセント	(2)7(月)15:00~16:30	5897	花谷字昆布 1025	9876
HF10	筏津　弥生（いかだつ やよい）	67	語彙2	(1)7(月)13:00~14:30	5678	日影字松葉 34-12	9867
HM01	岡田　勝美（おかだ かつよし）	75	アクセント	(1)7(月)13:00~14:30	5677	面屋字細縁 1287	6879
HM02	日外　辰彦（あぐい たつひこ）	75？	語彙1	(2)7(月)15:00~16:30	5987	座間字笹葉 1362	9786
HM03	原　晋吉（はら しんきち）	74	音韻	(3)8(火)10:00~11:30	5897	神郷字古羊歯 49-3	9687
HM04	穂積　一郎（ほずみ かずお）	73	語彙2	(3)8(火)10:00~11:30	5678	日影字丸餅 12 - 7	6978
HM05	小岩松太郎（こいわ しょうたろう）	72	文法1	(4)8(火)13:00~14:30	5897	花谷字鍛冶 30-17	9687
HM06	太田　義彦（おおた よしひこ）	71	語彙1	(1)7(月)13:00~14:30	5687	甘鯉字木伏 21-6	7869
HM07	兵藤　寛司（ひょうどう かんじ）	69	音韻	(4)8(火)13:00~14:30	5678	日影字門 23	6987
HM08	山元　勇雄（やまもと いさお）	68	文法2	(1)7(月)13:00~14:30	5897	神郷字古羊歯 49-3	9612
HM09	目黒　巌夫（めぐろ いわお）	65	言語行動	(3)8(火)10:00~11:30	5678	日影字門脇 2-16	9612
HM10	和山　清司（あやま せいじ）	64	言語行動	(2)7(月)15:00~16:30	5768	水納字胡桃 13-2	8679

そのために必要な情報を選び出してわかりやすく整理することにある。実際の調査では、すべてが思い描いた通りに運ぶことは少ないだろうし、失敗もあるだろう。しかし、そのような経験の蓄積こそが、次の調査にとっては有用な情報となる。実際の調査で変更があった場合には、保存用の「調査の手引き」に書き込んでおこう。次回以降の計画の参考となるだけでなく、調査結果をまとめる際にも役立つ。

　方言調査に参加する人の手助けとなるよう、さまざまな情報を利用・工夫して、わかりやすい「調査の手引き」を用意したいものである。

文献
原純輔・海野道郎(1984)『社会調査演習』東京大学出版会
森岡清志編著(1998)『ガイドブック社会調査』日本評論社

第6章
調査に臨む

1. この章で述べること

　前章までで、調査スケジュールの決定や調査票・「調査の手引き」の作成などの準備について解説した。本章では、そのような準備がひととおり整ってから実際に調査を実施するまでの過程において必要となる知識や、予想されるトラブルなどとその対処法について述べる。また、調査後に行うことに関しても、調査結果の分析には関わらないが、調査全体を円滑に遂行するために必要と思われる事柄についてはこの章で触れておく。

　本章で述べることの多くは、方言学の授業で習ったり、前章で解説されている「調査の手引き」に書かれることはあまりないが、調査を実施する際にあらかじめ知っておくとよいという類の事柄である。当たり前と思うこともあるだろうが、実際の調査では、その当たり前のことを、見落としたり、し忘れたり、その場で思いつかなかったりする。しばしば起こるような事態に対してあらかじめ心づもりをしておくだけでも、初心者には利するところがあると思う。そこで、常識的なこと、少々細かすぎると思われることついても触れておきたい。

　主に臨地面接調査を想定して述べるが、アンケートによる通信調査についても簡単に触れる。

2. 出発直前の準備

　集団で何日もかけて行う調査では、各自が携帯する調査道具のほかに、調査員共通で使用するために用意しておくとよいものがある。統括者や道具管理係などが出発前にこれらの道具を用意する（第4章・第5章も参照）。

- 文房具（ボールペン、油性ペン［太・細］、はさみ、のり、セロハンテープ、ガムテープ、ホッチキス、クリップ、付箋、A4判などの大きさの白紙、封筒［大・小］、ダンボール、手提げ袋）
- お礼状用の葉書、切手、便箋・封筒など
- 地図（地形図・都市地図・道路地図・住宅地図などのうち必要なもの。調査地域だけでなく、近隣地域を含む都市地図や地形図があったほうがよい。調査中に近隣の地名が言及されることがあるからである。）
- 時刻表（「調査の手引き」に記載されるものとは別に、それより詳細なもの、近隣の交通機関も含むものを用意したい。）
- 調査道具の予備

　これらの荷物や調査道具は、調査員が分担して持っていったり、自動車で調査地に入る場合はそれに詰めて運んだりすればよいが、あらかじめ断ったうえで宿泊施設に宅配便などで送ってもよい。ただし、到着までに十分時間の余裕があるようにし、前日には到着しているかどうかを電話で確認する。また、調査道具は、少なくとも初日分は各自で持ち運ぶ。調査スケジュールの突然の変更や集合時間に遅刻した場合にそのほうが対処しやすいからである。

3. 調査期間中の服装

　調査にはどのような服装で臨むべきだろうか。必ずしもスーツのような改まったものである必要はないが、清潔で整った服装を身につけるべきであ

る。不潔なもの、あまりに派手だったり奇抜な色・デザインのもの、卑猥な言葉や乱暴な言葉がプリントされているもの、過度の装飾品・アクセサリーは避ける。吉田(1984)が述べるように「要するに、土地の人びとに違和感を与えないような配慮が望ましい」のである。

靴は、履きなれたものがよい。調査中には歩くことが多いので、必ずしも革靴である必要はなく、スニーカーなどのほうが適当だろう。素足にサンダル履きという格好は、インフォーマントへの礼儀という点からも、疲れやすいという点からも避けるべきである。

調査中に持ち歩くバッグは大きめで、丈夫なものを利用したい。調査の際は、調査道具・謝礼品・筆記具など、荷物が少なくない。午前から午後にかけて2・3回の調査を連続して行う場合はなおさらである。手提げかばんよりも、肩から提げられるものや背負えるものがいいだろう。両手が空いていれば、移動の途中で気づいたことをメモしたり、写真をとったりするのも楽である。

4. 調査地へ入る

4.1. 調査地までの交通手段

調査地に入る際には、当然のことながら、調査開始時間、協力機関との打ち合わせ時間、調査員の集合時間に十分余裕を持って到着するべきである。

調査地には、鉄道・航路・バスなどの公共の交通手段を利用し、最終目的地(調査会場・インフォーマント宅)へは徒歩で向うことが多い。地元の人が利用する交通手段を調査者も利用することにより、地理感覚を身につけ、ふだんの生活の一端を知ることができる。

自動車で調査地に入るのも悪くはないが、その場合、駐車スペースの確保はあらかじめしておかなければならない。宿泊施設にいったん寄って、そこに駐車するなら問題はないが、インフォーマント宅や公民館などの調査会場に連絡もなく自動車で乗り付けてくると、インフォーマントや付近の住民に

迷惑をかけてしまう。

　タクシーで調査会場やインフォーマント宅に向うのは、インフォーマントへの印象がよくないという点からも、調査地域の地理を把握する機会を逸するという点からも望ましくない。ほかに交通手段がないとき、公共の交通手段に乗り遅れて遅刻しそうなときなどのやむを得ない場合以外は、利用しないほうがよい。

4.2. 到着後の情報収集

　慣れない土地の場合は特に、調査開始や集合の時間よりも数時間前に到着し、調査地周辺を散歩しながら、学校・駅・図書館などの公共の施設、商店(街)、列車やバスの運行状況などをみておくとよい。カメラがあれば、地元の人の迷惑にならない範囲で写真にとっておくのもいいであろう。駅やバス停の利用状況、町の活気など、地図や統計資料とは異なる情報が得られる。そのような情報は分析の際に役立つだけでなく、調査途中の雑談の際に話題にすることによって、インフォーマントと打ち解けた雰囲気をつくることができる。インフォーマントからさらに新たな情報を得られることも多い。なお、調査地域の行政などに関するニュースにふだんから気を配っておくのも、調査者に必要な心がけだろう。

　現地では、昼食をとることができる場所、スーパー・コンビニなどの場所も確認しておく。調査スケジュールがつまっているときは、手早く食事をとらなければならなくなるからである。また、調査道具・文具などに不備が見つかった場合、コンビニや本屋・文房具屋にかけこまなければならないこともある。宿泊施設や協力機関の人に教えてもらってもよい。

　調査地の情報収集に関しては第4章5.も参照してほしい。

4.3. 協力機関へのあいさつ

　役場・教育委員会などの協力を得ている場合は、平日であれば、あらかじめ約束をしておいて、代表者1～数名があいさつに行く。協力機関の担当者の都合なども確認したうえで、不必要な場合やかえって協力機関の迷惑にな

る場合は省略してもよいが、調査機関中も協力機関と連絡をとる必要がある場合は、まずあいさつに訪れるべきであろう。その際、インフォーマントが調査日時の変更希望などで協力機関に連絡を入れることも予想されるので、調査中のこちらの連絡先を伝えておく。必要ならば調査スケジュールの概略も伝える。内容にさしつかえなければ、「調査の手引き」を渡してもよい。学校などで集合調査を行う場合は、調査の直前にあいさつに行くのが適当だろう。

4.4. 調査本部の設置

　集団で調査を行う場合は、調査に関わる事柄を統括・管理する場所（調査本部）を設ける。公民館などの施設で一括して調査を行う場合、その場所の一室・一角に調査本部をおく。また、泊りがけで各自が分散して調査する場合は、宿泊施設内の一室を利用することが多い。調査本部の機能としては次のようなものが考えられる。

(a)　内外の連絡先として

　インフォーマントや協力機関に対して、また調査員全体に対して、調査期間中の連絡先として、調査本部の場所や電話番号を知らせておく。その期間だけ専用の携帯電話を用意するのも便利でよい。これらは、あらかじめ定めておき、「調査の手引き」の連絡先のページに記載しておく。

　また、各調査員が別々の調査場所に向かう場合（第5章の「調査会場点在型」の場合）、調査員に余裕があれば、だれか判断・指示できる立場にある1人が調査時間中は調査本部に待機して、問い合わせやトラブルに対処できるようにしたい。携帯電話であれば、本部が固定された場所になくても連絡をとりやすいが、調査道具や地図などの資料がそろっている調査本部であれば、問い合わせやトラブルにも対処しやすい。

(b)　調査員の待機場所として

　調査予定のない調査員がいれば、少なくともそのうちの数人は、本部かその近辺に待機しておく。調査スケジュールの急な変更などに対処するためである。

(c) 調査道具の保管場所として

　調査道具は、本部に整理して保管し、どこに何があるのか、あらかじめ調査員全員に周知しておく。調査道具の管理係を定めておき、その係が随時調査道具の管理を行うようにするとよい。調査票・テープ・電池などは、使用済みのものと未使用のものとが区別しやすいように管理しなければならない。空き封筒や手提げ袋・ダンボールがこの管理のために有用である。

(d) ミーティングを行う場所として

　1日の調査開始前と調査後には、全体でミーティングを持ち、調査スケジュールの確認、調査項目・質問文の反省・訂正などを行う。これに関しては、5.と10.1.で改めて述べる。

5. 調査前の最終確認

　集団での調査の場合は、その日の調査の開始前にミーティングを行い、調査スケジュールや役割分担を再確認する。

　1回の調査における調査班内の役割分担（主な調査係、記録係、録音係など）については、あらかじめ決めておいて「調査の手引き」に記しておく場合もあるが（第5章5.参照）、調査班の構成員だけをあらかじめ決めておき、役割分担についてはその都度調査班メンバーの話し合いで決めてもよい。その場合、遅くとも調査開始前のミーティングの段階で役割分担を定める。調査者と補助者が途中で交代する場合は、どこで交替するかも決めておかなければならない。そのうえで、各自に必要な調査道具を持っているかを手引きを見て確認する。

　調査票は、乱丁・落丁の恐れがあるので一部余分に持っていくほうが安全である。調査者が複数の場合も各々1つ以上の調査票が必要である。話者への提示用資料（あらかじめクリアファイルなどにファイリングしておくと長時間の持ち運びに便利である）は、最初の調査の前に、欠落したページがないか確認する。

　テープなどの録音・録画媒体や電池も、調査時間が長引いたときのために

1～数個余分に持っていく（調査時間は原則的に 90 分程度とするが、調査の進み具合とインフォーマントの都合・調査に対する姿勢によって、多少長くなることもある）。謝礼品も、予定していなかった同席者がいたときのために余分に数個持っていったほうがよい。

　調査会場やインフォーマント宅に出かける前に、機材は十分に動作確認しておく。録音・録画機の設定は、調査の度に確認する（気づかないうちに何らかの特殊な設定になっていることがある。最近の録音・録画機で操作ボタンが小さいものはなおさらである）。

　録音機材の電源は、原則として、調査会場やインフォーマント宅で借りるのではなく、電池を用意していく。電池は調査の度ごとに新しいものを使う。古い電池は後で聞きなおす際に使えばよい。レコーダーにテープなどの録音媒体をセットし、冒頭に調査年月日・調査地点・インフォーマントの氏名・調査者氏名などの情報を吹き込んでおく。また、2 つ目のテープなどの包装をあらかじめとりのぞいておく。ビデオなどでコンセントから電源をとりたい場合は、延長コードも持っていく（公民館などならともかく、インフォーマント宅ではこのようなことはなるべく避けたい）。マイクの接続端子・電源の入れ方も十分に確認しておく。

　また、調査宅がインフォーマント宅であっても公民館などであっても、記録用のテーブルが用意できる場所かどうかわからないので、画板を持っていく。

6. 調査会場での調査

6.1. 調査会場の設営

　公民館・宿泊施設などにインフォーマントに来てもらって調査を行う場合は、事前に調査会場の設営が必要になる。

　調査を行う場所としては、自動車・人の足音・声などの雑音がなるべく入らないよう、大きな道路に面した部屋、玄関近くの部屋は避ける。また、反

響を防ぐために、カーテンのない窓ガラスの近くも避ける。面接調査で録音する場合は、1組に対し1室が望ましい。そうでなければ、なるべく間をあけて1組ずつテーブル・椅子（和室であれば座布団）を配置しておく。面接者とインフォーマントと調査員との距離は、テーブルを挟んで座るぐらいが適切である。すなわち、話者とのアイコンタクトがとりやすく、口元が観察できる距離がよい。インフォーマントと調査者（1～数名）が向い合わせになるように配置するのが一般的である。また、互いが90度になるような配置も、インフォーマントの緊張を和らげるためによいとされる（鈴木淳子2005：133）。調査会場全体の配置やテーブルの形状から見て不自然でなければそのように配置してもよいだろう。

　録画機材は、インフォーマントの緊張を和らげるために、収録中に直接目につきにくい場所に配置する。必要でない限りインフォーマントの正面は避け、横に位置するようにすればよい。インフォーマント・調査者がフレーム内にバランスよく収まるよう、十分に確認する。

　アンケートを配布していっせいに記入してもらう集合調査の場合は、一定の方向に、学校の教室のような配置で机・椅子を並べる。圧迫感がないように、十分に間をおいて配置する。

6.2. 会場までの誘導・受付

　一定の調査会場で複数のインフォーマントに来てもらって調査を行う場合は、調査の予定がない者で、案内係、受付係、お茶係、撮影係などを交代で受け持つ。あらかじめ係を定めた方が、当日混乱がなくてよいであろう。

　会場の場所や会場の入り口が地元の人になじみがないところであれば、案内係が付近に立って誘導したり、案内板・掲示などを出しておく。インフォーマントが多い場合は、会場の入り口近くに受付を設けたほうが、調査を行う部屋・テーブルまでの誘導がスムーズになる。インフォーマントが到着したら、受付係が名前を尋ね、話者名簿の名前と照合し、調査を行う部屋・テーブルに案内する。集合調査の場合は案内係をあらかじめ決めておけばよいが、面接調査の場合、調査者が案内係を兼ねてもよいであろう。

6.3. お茶の準備

　面接調査中は、インフォーマントも調査者も、長時間話してのどがかわくので、お茶を用意しておいたほうがよい。高年層の場合は温かいもののほうが無難であろう。調査員に余裕があれば、お茶の係を決めておき、各調査グループのタイミングを見計らってお茶を出す。余裕がない場合は、調査者が兼任すればよい。調査開始時からお茶を入れて出してもよいし、調査項目のきりのいいところでいったん休憩をとる際に出してもよい。調査終了後には再度お茶を入れ直す。終了後や休憩時にはお菓子などを出してもよい。調査中に食べ物を出すと気が散るし、食べながらでは回答の発音が不明瞭になるので、出さないほうがよい。

6.4. 調査中の撮影

　調査中に、写真・ビデオの撮影を行う場合は、あらかじめインフォーマントの許可を得る必要がある。調査をはじめる前に調査者が断るのがよいだろう。撮影係は、フラッシュなどでインフォーマントの気を散らさないように、タイミングを見計らわなければならない。インフォーマントに記念として差し上げることが目的の場合は、調査後に調査員といっしょに集合写真として撮影してもよい。いずれにせよ、インフォーマントの写真を撮った場合は、調査後にお礼状とともに送る。

7. インフォーマント宅への訪問

　面接調査では、インフォーマント宅に訪問することも多いだろう。調査員側にとっては調査会場の確保・設置の手間がなくてよいが、インフォーマントにとっては一長一短かもしれない。調査会場に足を運ばなくていい点では面倒がなく、くつろいだ気分で調査に応じられるように思うが、インフォーマントの側からすれば、それなりの準備が必要であり、特に最近では自宅に来られることを嫌がる人もいる。調査スケジュールを立てる際に、十分配慮して、インフォーマントに負担のないような調査場所を設定したい。

インフォーマント宅の場所については、出発前に、住宅地図などで確認したり、あらかじめインフォーマントから電話で行き方や家の近くの目印などを聞いたりして迷うことがないようにする。公共の交通機関を利用する場合は時刻表も改めて確認する。これらは調査スケジュールを組む段階で行いたい。
　当然のことながら遅刻は厳禁である。「前の調査が長引いて……」というのは理由にならない。前の調査が途中でも早めに切り上げるべきである。公共の交通機関の遅延や道が混んでいる・道に迷ってしまったなどの理由でどうしても遅れてしまう場合は、遅れそうだと気づいた時点で、速やかに連絡する。現在なら携帯電話を持参している者が多いだろうから、インフォーマントの電話番号さえわかれば、すぐにでも連絡がとれる。
　約束の時間よりあまり前に訪れるのも迷惑である。予定時刻の5分前からちょうどぐらいの間に到着するようにする。
　あらかじめ調査依頼をしてある場合は、インフォーマント宅に着くと、居間・座敷などに通されることが多いであろう。玄関からあがって靴をそろえ、上着をまず脱ぐなどの点は常識的な礼儀として守りたい。その後、あいさつ・自己紹介を行って調査に進む。調査中の技術や注意点については第7章・第8章を参照されたい。
　調査中に、お茶とともに、果物や菓子などを勧められることがある。調査票の質問項目を進めている最中は食べるのは避け、休憩時間をとって雑談をしながらいただくようにする。
　また、調査後に、昼食や夕食を勧められることがある。インフォーマントの負担を考えれば一般的には断るべきだろうが、すでに用意がなされている場合などは、いただいてよい。インフォーマントとの心理的な距離も近くなり、方言的な音声・形式がその際に現れるということもある。ただし、次の調査時間がせまっていたり、本部でミーティングの予定がある場合は、その旨を伝え、丁重に断る。食事で出されたものは、すべていただくようにしたい。お酒を勧められる場合もあるが、その後の調査予定・調査者の体調に応じて、断るべき場合はきちんと断らなければかえって迷惑をかけることにな

る。

　また、食事の際には、調査項目以外で、地域生活に関すること（買い物・病院はどこに行くのか、通勤・通学圏、地域行政の動向、地域の行事、公共の交通の便、およびそれらについての昔からの変化など）を聞いておくとよい。話がはずみ、分析の参考となることも多い（第8章も参照）。

8.　調査中のトラブル

　調査中にはさまざまなトラブルが起こりうる。予想がつかないような事柄もあるだろうが、ここでは、よく起こりがちなトラブルについていくつか例示し、対処のしかたを述べる。

　集団での調査の場合は、先に触れたような調査本部など、緊急時の連絡先を1つ決めておく。調査上でのトラブル・事故でその場で解決できない場合は、早急に本部に連絡をとる。本部に待機者がいない場合は、調査スケジュールを確認して、調査が入っていない人の中で判断を仰げそうな人に連絡する。そのためにも「調査の手引き」は調査時にも携行すべきである。

　調査予定時間にインフォーマントが来ない、インフォーマント宅を尋ねたらいないという場合は、次の調査に差し支えない限り待ってみたほうがよい。インフォーマントが調査会場に来ない場合は、自宅の電話番号がわかれば電話をかけてみる。結局インフォーマントが会場に来ず（自宅に戻らず）、連絡もとれない場合は、その日の調査がすべて終わった後にでも再度連絡してみる。

　インフォーマントがしばらくたって来たが、そのまま調査を行うと次の調査に間に合わなくなるという場合もある。また、インフォーマントが調査会場に予定より早く来るということもある。面接調査でこのような事態になった場合、調査員に余裕があれば、スケジュールを調整して対応する。その場合、複数人の調査班を1人に変更するなど、できるだけ調査員のスケジュールを調整して、そのまま調査をはじめられるようにする。必要ならスケジュール全体を管理している統括役・本部での待機者に連絡をとる。この

ような急なスケジュールの変更の場合、調査会場で使用可能な部屋に余裕があれば、そこを調査場所として利用することができるので便利である（第5章6.3.参照）。スケジュール調整が無理な場合、インフォーマントに事情を説明し、別の日時に変更できないか頼んでみる。複数のインフォーマントで一斉に調査を行うような場合も、改めて来てもらうようお願いする。

　予定していた時間にいない・来ないインフォーマントの中には、役場や知り合いを通じて依頼されたけれども、調査に気が進まないために、そのような行動をとるという場合も稀にある。電話などでそれらしい様子が感じられた場合、調査を無理強いせず、こちらから丁重に断ったほうがよいだろう。そのようなインフォーマントに無理に調査を行っても、得られるデータの信頼性が低くなるだけである。

　調査者がインフォーマントから差別的な言動を受ける（調査者がインフォーマントの言動をそのように受けとめる）ということも稀にある。調査者の属性（性別や国籍・民族など）に関連する事柄などで調査者とインフォーマントとの間に認識の違いがあり、それが調査中の雑談などに現れてしまう場合である。調査者によっては、以後の調査へのやる気を失うほど精神的ダメージを受けることがあるだろう。そのような事態に周囲が気づいた場合は、途中で調査者を交代するのもやむを得ないだろう。また、統括責任者は、調査者に対する精神的なケアを十分に行わなければならない。

　上記のいずれの場合でも、インフォーマントを非難するような言動はとるべきではない。こちらは時間をさいて協力してもらう立場である。あくまで相手の意志・都合にあわせるのが原則である。

9. 調査に対する問い合わせ

　調査の前後に、インフォーマントから調査の日時・方法・内容・結果やその公表に関して問い合わせが来ることがある。そのためにも、あらかじめインフォーマント、紹介者・協力機関には連絡先（調査期間以外の日常の連絡先、調査期間中の連絡先）を伝えておく。

第 6 章　調査に臨む　137

　調査前のインフォーマントあるいは協力機関からの問い合わせとしては、調査の目的・内容・方法について不明な点があり、あらかじめ教えてほしいといったことなどがある。調査の目的については、どのように伝えるかが難しいところである。私たちの行う調査は、必ずしもその結果を直接に公共の利益に役立てることを目的とするわけではない。方言を1つの言語変種としてとらえたうえで、それを対象とした記述・分析自体に魅力を感じて調査を行うという人も多いであろう。協力者にそのような動機を説明して同感・納得してもらうのは難しい。ただし、最近では伝統的な方言が急速に失われつつある現状が一般に認知され、特に高年層にはそれを寂しく感じている人も少なくない。そのため「各地の方言のありかたやその変化の動向を、地域の文化の1つとして記録しておきたい」という調査動機には理解が得られやすい。いずれにせよ、各自・各調査グループごとに、一般の人々にもわかりやすいような形で調査の目的を明文化しておくことが必要である。調査の目的をどのように伝えるかについては吉田則夫 (1984) の「方言調査の目的」に関する記述も参照されたい。また、第4章3.4.の依頼のしかたも参照するとよい。

　調査方法の問い合わせに関しては、調査方法 (アンケートか面接調査かなど)、質問方式 (なぞなぞ式・翻訳式など) を例示しながら説明すればよい。その際、「質問はすべてこちらで用意するので、事前に本を読んだり、ふだんのことばや昔の言いかたを思い出して書きとめてくださったりする必要はない」という点、「必ずしも昔の伝統的な表現を記録したいわけではなく、現在のふだんの生活で用いられることばを記録したい」という点などを言い添え、インフォーマントの不安・緊張を取り除くよう努める。

　そのほか調査前後にありうる問い合わせとしては、個人情報の取り扱いについて、成果の公表についてなどが考えられる。あらかじめ、調査グループ内で、個人情報をどのように管理するのか、いつどのような形で成果を公表するのかを定めておき、それをきちんと伝えればよい。公表の際にインフォーマントの氏名・年齢・経歴などの個人情報をどこまで明らかにするのかは、調査時にインフォーマントの合意を得る必要がある (第1章、第4章

6. 参照)。

10. 調査後に行うこと

10.1. 調査後のミーティング
　集団で行う調査の場合、調査期間中は毎日、その日の調査の終了後に全員集ってミーティングを行う。その日の調査に関して各自が気づいたことを報告しあい、次の日の調査に生かす。たとえば次のようなことが考えられる。

(1) 調査中に起こったトラブルの報告
(2) 調査スケジュールの変更
(3) 調査票に関する問題点。項目・質問のしかたについてや、方言形に関する新情報など。

　個人で行う調査であっても、これに準じた反省を1人で行うことになる。調査中に起こったトラブルなどは、今後のためにもフィールドノートに記録し、フェイスシートや調査票とともに保管しておきたい。

10.2. 調査結果の整理・清書
　調査結果の整理・テープを聞きなおしての清書は、原則としてその日のうちに、そうでなければ調査期間中にできるだけ早く行う。録音に失敗している場合や、身振りが交った会話で録音を聞いても話の内容がよくわからない場合などがあり、なるべく調査時の記憶が鮮明なうちに結果の整理を行うに越したことはないのである。聞きもらし・確認不足など調査の不備に気づけば、調査地に滞在している間なら、再度訪れて尋ねることもできる。調査地を離れてから電話で確認することもできるが、調査からあまり時間がたっていては、インフォーマントも思い出せなくなってしまう。具体的な調査結果の整理方法については第9章を参照のこと。

10.3. 礼状・研究成果の報告

　調査後は、インフォーマントおよび協力してくれた機関・紹介者に礼状を出す。調査後1週間以内に到着するように出すのが適当であろう。ただし、書くのは、調査時の記憶が鮮明なうちに、なるべく早いほうがよい。集団での調査の場合は、調査期間中にお礼状を書き、担当の者が集めて、帰ってからまとめて投函すると送付漏れがなくてよい（ただし現地で投函してはいけない）。

　インフォーマントへのお礼状は葉書でも構わないだろう。大学などで調査を行った場合は、大学の絵葉書があれば、それを礼状に用いても喜ばれる。協力機関への礼状は封書のほうがよい。大学などの機関で調査を行った場合は、差出人の住所をその大学の研究室などに統一して出したほうがよい。調査員が複数だった場合は、もちろん連名で出す。

　通信調査・集合調査によるアンケートなど、数が多い場合は、文面を印刷したものを利用してよいが、面接調査では、調査を行った個人個人が手で書くようにしたい。いずれにせよ、文面は手紙の作法にかなったものにしたほうが無難である。筆者は、方言調査を大学の授業や自分の卒業論文のために行いはじめたころは、改まった手紙などほとんど書いたことがなく、『手紙の書き方』のようなhow-to本を見て書いたものである。ただし、そのような本にある例文をつなぎあわせただけでは、よそよそしく味気ない文面になってしまう。協力してくださったこと・教えてくださったことに対する感謝の気持ちが率直に伝わるようにしたい。

　筆者は、面接調査のインフォーマントへのお礼状では、文面の中に、そのインフォーマントに向けて書いたことがわかるような内容（調査時の話題やエピソード）を含めるようにしている。また、面接調査の場合は特に、感謝の気持ちを述べる際に「方言調査に協力していただいた」というような表現は用いず、「○○のことばについて教えていただいた」という表現を用いるようにしている。「方言」ではなく「ことば」とするのは、「方言」に対して否定的なイメージを抱く人もいるからであるが、最近はそのような意識もほとんどないので、「方言」という語を用いることには問題がないように思う。

「調査に協力していただいた」のか「教えていただいた」のかは、調査の内容・方法や調査者が自らの調査をどうとらえているかにもよるが、特に記述的な研究のための調査の場合は後者のようにとらえるほうが、実態をよく表しているように思う。

なお、調査時に写真をとった場合は、必ずお礼状にそれを同封する。インフォーマントにとってもいい記念になって喜ばれることが多い。

個人で行う調査で、短い期間に何回か同じインフォーマントに調査を依頼する場合は、その度ごとにお礼状を送るのもためらわれる。ひととおり調査を終えたあとに改めて礼状を送るなり、年賀状や暑中見舞を送るなりするのもよいだろう。

研究の成果である報告書や論文ができたら、改めて、インフォーマントと協力機関・協力者にお礼の言葉とともに送る。自分の協力による成果が形になったことは協力者にとっても嬉しく、方言調査への一般の信頼性を高めることになる。

調査後の礼状や調査成果の報告は、調査時に渡す謝礼品よりも、協力者へのお礼として意味の大きいものだと思う。謝意が十分に伝わるように配慮したい。

10.4. 督促状

通信調査の場合、回収率をあげるために、回収をはじめてからある期間をおいて督促状を送付すると回収率があがることが知られている。送る時期は、あらかじめ指定してあった返送締切日の数週間後とか、回収率が何割かに達した段階とかと決めておく。入れ違いで返送してくれる人もいるだろうから、それについて一言ことわる文を必ず付けておく。

11. おわりに

以上、ひととおりの準備が終わってから調査を実施する過程で、特に必要なこと・注意したいことについていくつか述べてきた。

服装やお礼状についての箇所でも述べたが、調査中は、インフォーマントや紹介者に、不信感や不快感を与えないような配慮が必要である。そのためには、礼儀作法をある程度わきまえなければならない。自分より年上のインフォーマントと接する場合が多いので、調査者にとってはかなり改まっていると感じるぐらいでちょうどよいということも多い。どのようにすべきか迷ったら、改まったやり方・保守的なやり方を選ぶほうが無難なようである。ただし、インフォーマントに対していつまでも改まった態度をとってよそよそしいままというのも、ときには調査結果に影響を及ぼすほどにマイナスに働くものである。礼儀作法はわきまえながら、明るさは保つように気をつけたい。

文献
木部暢子 (1998)「方言の調査」『日本語学』17-10　明治書院
木部暢子 (2001)「方言調査入門」『月刊言語』30-1　大修館書店
柴田武 (1963)「方言調査法」東条操編『日本方言学』吉川弘文館
柴田武 (1978)「野外言語学の方法」『月刊言語』7-9　大修館書店
鈴木淳子 (2005)『調査的面接の技法』第 2 版　ナカニシヤ出版
徳川宗賢 (1978)「架空教室「言語地理学演習」第一日」『月刊言語』7-9　大修館書店
吉田則夫 (1984)「方言調査法」飯豊毅一・日野資純・佐藤亮一編『講座方言学 2　方言研究法』国書刊行会

第7章
調査を記録する

1. さまざまな記録方法

　調査の際、インフォーマントが実現する方言事象をどう記録するかについては、大きく分けて次の2つの方法がある。

　イ．文字による記録
　ロ．機械（録音・録画）による記録

　記録方法は、何を調査し、何を明らかにするかによって規定される。たとえば、音韻の調査ではそれを写すための厳密な「イ」の記録が不可欠であるのに対し、語彙や文法の調査では略式によってでも十分に対応できる。文字の種類や表記の緻密さ、補助記号の要・不要など、その方途はさまざまである。さらに「ロ」の記録を志向する場合にも、「イ」の記録の補助的意味合いで事足りる場合があれば、録音機材やマイクの精度、調査現場の環境整備までを要求される場合もある。逆に言語行動など、身振り言語をも対象とするような調査では、それに見合った場や場面の確保に加え、よりクリアーな録画記録が不可欠となってくる。ふさわしい記録の在り方とは、このように、調査の目的や内容、その各々の段階やレベルに応じて必ずしも一様ではない。いずれにしても、調査にあたっては、何を何のために記録するのかが

明確にされていなければならない。

2. 文字による記録

これには、IPA（音声記号）表記によるものとかな表記によるものとがある。そのどちらを用いるかは対象や目的にもよるが、原則として、厳密な音声の写しを目的とする記録法としてはIPA表記、より簡便で実用的な記録法としてはかな表記が用いられる。

2.1. IPA（音声記号）表記

一般には後述のかな表記が簡便であるが、琉球方言や東北方言のように複雑な音声を有するもの、音韻調査その他で厳密な音声記録が必要な場合などはこれによる。

IPAとは、国際音声学協会（International Phonetic Association）が定めた国

表1　IPA（国際音声字母）

		両唇	歯茎	後部歯茎	そり舌	硬口蓋	軟口蓋	口蓋垂	咽頭	声門
子音	破裂音	p b	t d		ʈ ɖ		k g			ʔ
	鼻音	m	n			ɲ	ŋ	ɴ (ŋ)		
	ふるえ音		r							
	はじき音		ɾ							
	摩擦音	ɸ	s z	ʃ ʒ	ʂ ʐ	ç	ɣ			h
	接近音					j	w			

母音		前舌 中舌 奥舌	補助記号	事項	例	事項	例
	狭母音	i ï ü ɯ u		破擦音	ts, dz など	有気化	p→pʽ pʰ
	半狭母音	e　　　o		中舌化	ɯ→ü (ɯ̈)	広めの母音	e→e̞
	半広母音	ɛ　　　ɔ		口蓋化	t→tʲ	狭めの母音	e→e̝ ẹ
		æ		鼻音化	a→ã	前よりの母音	e→e̟ ẹ
	広母音	a　　ɑ		有声化	t→ṭ	後寄りの母音	e→e̠
				無声化	i→i̥	長音	a→a:
				唇音化	k→kʷ	半長音	a→aˑ

(1996年修正版をもとに方言音用に一部改訂)

際音声字母 (International Phonetic Alphabet) の略であり、世界の諸言語に適応できるように、また母音・子音にわたり調音のしくみが構造的・視覚的に把握できるように工夫が施されている。

調査者は、これを理解し、訓練したうえで調査に望むことが求められる。その際、城生伯太郎 (1984) や小泉保 (1996) には具体音声が別添されているので、初学者にはよい練習教材となる。

ただし、IPA はあくまで世界の諸言語を視野に策定された字母であり、その中のいくつかは日本語方言のそれには不適応なものもある。また逆に、日本語方言ならではの微妙音は IPA の記号体系によってでは十分に対応し切れない場合もある。これにより、IPA は、実際には日本語用に簡略化したり、ときに補足したりしながら用いられることが一般である。表1に、その一覧を、前書『ガイドブック方言研究』より再掲（一部改訂）する。

表1の留意点およびその補足事項として、次の点を記しておく。

(1) 母音
1) 母音のウは、円唇の場合は u、平唇の場合は ɯ と書く。一般に、共通語や東日本方言では ɯ、西日本方言では u である。
2) 狭口の中舌音は、ï üもしくは ɨ ɯ と書く。
3) 奥舌のアは ɑ と書く。たとえばあくびの際に出る「ハー」の末尾母音は厳密には ɑ である。ただし、その現れ方が特殊な場合に限られることから、簡略表記では a で代用されることが多い。
4) 広口のオは ɔ と書く。オ段長音の開音（新潟県中越内陸方言など）に聞かれる場合がある。
5) 広口の ε や æ は、アイ・アエなどの連母音が融合した際に聞かれる場合がある。

(2) 子音
1) 子音の同一枠内にある左右2つの音は、有声音と無声音との対で弁別的な対称をなすものである。
2) 日本語のシは、共通語においては歯茎音 si よりもやや後ろ寄りの調音（後部歯茎音 ʃi）となる。

3) 日本語のチャ行子音、ツァ行子音（チャ・チ・チュ・チェ・チョおよびツァ・ツィ・ツ・ツェ・ツォ）は破擦音であり、それぞれ t と ʃ、t と s を付合して tʃ ts と書く。同様に、ヂャ行子音、ヅァ行子音（ヂャ・ヂ・ヂュ・ヂェ・ヂョおよびヅァ・ヅィ・ヅ・ヅェ・ヅォ）も、それぞれ d と ʒ、d と z を付合して dʒ dz と書く。

「坊ちゃん」「お父つぁん」— bottʃaɴ / otottsaɴ

「鼻血」「続き」— hanadʒi / tsɯdzuki

4) 日本語のラ行子音は基本的にははじき音 ɾ であり、ふるえ音 r その他があらわれることはほとんどない。よってそれらを表記し分ける必然性に乏しく、簡略表記では r で代用することが多い。

5) ガ行摩擦音は ɣ で書く。方言や個人により、特にギの音節が口蓋化してこの音を実現しがちである。

6) 日本語のハ行音は母音によって子音の調音位置が異なるので注意がいる。

「ハヒフヘホ」— ha çi ɸɯ he ho

とこのように書く。

7) 日本語のンもそれの実現箇所や後接する子音の特徴により調音位置が次のように異なる。

「新米」「新聞」「心配」— ʃimmai / ʃimbuɴ(n) / ʃimpai

「インク」「人間」— iŋkɯ / niŋgeɴ(n) niŋɣeɴ(n) niŋŋeɴ(n)

「トンネル」「本棚」— tonneɾu / hondana

このように、唇音 m・b・p 直前のンは m、語末のンは ɴ(n とも)、k・g・ɣ・ŋ 直前のンは ŋ、それ以外は n で書く。

2.2. かな表記

(1) 音声の記録

方言事象をひらがなまたはカタカナで記す。最も基本的で一般的な方法である。ただし、記録の実際が基本的には音の表記であること、ときに速記を必要とする場合もあることなどからすれば、それらはいずれもひらがなの得

意領域であるとは言いがたい。加えて、後々論文・資料などで文字に起こすことを想定すると、ひらがなでは本文との区別が煩雑でもある。それらの理由から、かな表記ではカタカナを用いるのが利便であり一般的である。

一方、かな表記には一定の約束事や工夫すべき事項があり、記録はそれらにしたがってなされる必要がある。その主だったものとして、次のような点に留意したい。

1) カタカナを一種の表音記号として用いる

カタカナを聞こえた音のとおりに記す。その場合、いわゆる表音用カタカナ文字は書記用のそれに対して次の点で性格が異なる。

■ 長音、係助詞「は」、格助詞「へ」「を」

　例)「今日は町へ服を買いに行く。」

　　　[kjoːwa matʃie ɸukɯo kaini ikɯ]

　　　書記用：キョウハ　マチヘ　フクヲ　カイニ　イク。

　　　表音用：キョーワ　マチエ　フクオ　カイニ　イク。

このように長音部は長音符「ー」によって記す。係助詞「は」、格助詞「へ」「を」は、それぞれ聞こえの音どおりに「ワ」「エ」「オ」と記す。なお、長音部が一拍分相当に感得されないような場合には、長音符「ー」を加工して半長音符「┤」などでもってその具体音を表す。

　例)「父ちゃん」

　　　[toːtʃaɴ]（一拍分）— トーチャン

　　　[toˑtʃaɴ]（一拍分以下）— ト┤チャン

■ 語中ガ行音

　例)「陰」

　　　[kaŋe]（鼻濁音）— カゲ゚

　　　[kage]（非鼻濁音）— カゲ

日本語のガ行音は語中において鼻濁音に発音される場合がある。その音をカタカナで記す場合には「カキクケコ」の右肩に「゚」印を付し、「ガ゚ギ゚グ゚ゲ゚ゴ゚」と記す。これにより、

　　鼻濁音　ガ゚ギ゚グ゚ゲ゚ゴ゚ ／非鼻濁音　ガギグゲゴ

と対音を書き分ける。
- ザ行・ダ行音
  例)「水」
  　　［mizɯ］［midzɯ］（ザ行摩擦音・破擦音）― ミズ
  　　［midɯ］（ダ行破裂音）― ミヅ
- ア行・ワ行音
  例)「〜を」
  　　［〜 o］（ア行音）― 〜オ
  　　［〜 wo］（ワ行音）― 〜ヲ

方言によってはこのような書き分けを必要とする場合がある。しかし、ダ行・ワ行の各音は、後に記す文字の組み合わせ法により「ドゥ」「ウォ」などとも書け、むしろそれによる方が実音を正確にとらえうるようにも思われる。記録に際しては、単に相違する音を書記用文字の枠組みに適応させて記すにとどまらず、可能な限り実音に忠実であるよう心がけることが肝要である。

2) 小形文字を利用する
- 小鼻音
  例)「未だ」［ma˜da］― マﾝダ
  　　「数」［ka˜dzɯ］― カﾝズ
  　　「壁」［ka˜be］― カﾝベ

第一音節から第二音節への移行の折、前音節の末尾母音が鼻母音化する場合、ないしは両音節間に渡りの小鼻音が介入する場合などに用いる。上例のように、「ン」を小さくやや上方に寄せて記す。

3) 文字の組み合わせ法による
- 複雑な響きの子音
  例)「西瓜」［sɯikwa］（唇音のカ〈合拗音〉）― スイクヮ
  　　「屁」［ɸe］（唇音のヘ）― フェ
  　　「〜を」［〜 wo］（唇音のオ）― 〜ウォ
  　　「水」［midɯ］（破裂音のズ）― ミドゥ

「映画」［jeːŋa］（接近音のエ）— ユェーガ

このように、微妙な子音をカタカナの組み合わせ（―主音を大きく、従音を小さく右下に記す）によって表すように工夫する。

■ 複雑な響きの母音

例）「湯治」［tɔːdʒi］（開音）— トァージ

「冬至」［tọːdʒi］（合音）— トゥージ

「赤い」［akɛː］［aka͡eː］［akæː］（連母音融合音）— アケァー　アカェー
　　　　　　　　　　　　　　　　　　　　　　　アキャー

「岡山」［okɛːma］（縮約音）— オケァーマ

「絵」［ȩ］［ï］（中舌・中間音）— エィ　イゥ

「寿司」［sṳsṳ］［ʃïʃï］［sṳ̈sṳ̈］（中舌・中間音）— スィスィ　シゥシゥ
　　　　　　　　　　　　　　　　　　　　　　　　スァスァ

子音の場合同様、主音と従音の関係などに即してカタカナの大小を上例のように組み合わせて記す。

なお、これらの音を記録するにあたっては、子音・母音を問わず、発音の様態を説明的に記すことが有効な場合がある。「イのややウがかった音」、「子音と母音との間に摩擦的に介入する音」など、必要に応じて聞こえの実際を注記するよう心がけたい。

4）部分的に音声記号を用いる

場合によっては音声記号を注的に用いるのも便利である。

■ 中舌音

例）「神社」［dʒïndʒa］— ジ(-ï)ンジャ

「火事」［kadzü］— カズ(-ü)

■ 歯茎音と口蓋音（後部歯茎音）、摩擦音と破裂音

例）「神社」［dʒindʒa］［ʒindʒa］［zïndʒa］— ヂ(dʒi)ンジャ　ジ(ʒi)ンジャ
　　　　　　　　　　　　　　　　　　　　　　　　　　　　　ジ(zï)ンジャ

以上は、既述の文字の組み合わせ法との抱き合わせによりズィ(zï)ンジャなどとすればなお一層正確である。

5）部分的に補助記号を用いる

カタカナ表記だけでは表出しにくい音声状況については、補助記号を部分的に援用するのが有効である。

■ 無声化音

例)「汽車」[kiʃa] ― キ̥シャ

「菓子」[kaʃi̥] ― カシ̥

このように無声化する音節をカタカナで書き、その下部に「。」印を付す。

■ 声門破裂音

例)「っあ」[ʔa](共通語でひどく驚いたときの感声語) ― ʔア

「っやあ」[ʔjaː](琉球語で「家」の意) ― ʔヤー

このように音声記号としての「ʔ」を援用する。

■ 鼻母音

例)「陰」[kãge] ― カ̃ゲ

「籠」[kãgo] ― カ̃ゴ

「カ」の末尾母音が鼻音化する場合、その上部に「~」を付す。既述の"「未だ」― マンダ"などに比べ、それが鼻母音であることをことさらに明示したい場合などに有効である。

■ 狭口母音

例)「駅」[e̝ki][e̝ki] ― エ̣キ または エ̚キ

「江戸」[e̝do][e̝do] ― エ̣ド または エ̚ド

このようにカタカナで母音を記し、その下部に「・」または「⊥」を付す。「⊥」は母音の右下に添えて書くこともある。

■ 広口母音

例)「上」[ɰe] ― ウエ̞

「湯治」[to̞ːdʒi] ― ト̞ージ

狭口母音の場合と同原理により、上例のように記す。

■ ストレス(強勢)

例)「すっごく」[súggokɯ] ― ス́ッゴク

「よいっしょ よいっしょ」[jóiʃʃo jóiʃʃo] ― ヨ́イッショ ヨ́イッショ

「ス」「ヨ」にストレスが加わる(息ばるように強勢される)場合、その上

部に「´」を付すなどして表す。

（2） アクセント・イントネーションの記録

1) 高音部に上傍線を記す

　例)「橋」― ハシ￣　ハ￣シ￣ガ

　　　「箸」― ハ￣シ　ハ￣シガ

　　　「今日は良い天気だなあ。」― キョ￣ーワ　イ￣ー　テ￣ンキダ￣　ナ￣ー。

2) 高低音声波形をそのとおりの波形で記す

　例)「今日は良い天気だなあ。」― キョーワ　イー　テンキダ　ナー。

　イントネーションの調査にはこれが有効である。

3) その他の記録方法

■ 白黒で示す

　例) スガタ　ココロ　コトバ

　　　●○○　○●○　○●●

■ 上(中)下、HL(High・Low)で示す

　例) スガタ　ココロ　コトバ

　　　上下下　下上下　下上上

　　　H L L　L H L　L H H

■ 下がり目の核を示す

　例) ス￢ガタ　ココ￢ロ　コトバ￢　サクラ

　　　　①　　　②　　　③　　　⓪

　これらは、調査現場での記録法であるというよりは、むしろ調査時の記録を踏まえて再表記する場合、拍数に着目してその拍数語全体の高低を示したい場合などに有効である。中でも"ス￢ガタ(①)"のような音韻表記は、対象地域のアクセント概観がある程度得られている場合にのみ有効と言えるものである。

　現在の学界では以上のうちのどの方法によるかは決まっていない。研究や調査の性質、それに基づいた各研究者の判断にしたがって適宜選択・工夫されるべきである。

(3) 分かち書き

カタカナによる文表現の記録は、主に話部単位での分かち書きによる。文の終結部には句点「。」を付し、必要によっては文中に読点「、」を付す。

例)「ああ、今日は良い天気だなあ。」― アー、キョーワ　イー　テンキダナー。

話部は、原則的には、

　　詞：「アー」「イー」「ナー」（文末詞は詞扱いとし独立させる）
　　詞＋接辞(付属辞)：「キョーワ」「テンキダ」

によって単位認定を行う。なお、"用言＋テ＋補助動詞"は、

　　用言＋テ／補助動詞

のように単位認定して分かち書きする。

例)「行ってくる。」― イッテ　クル。

ただし、品詞論的には以上のようになるが、単位認定には文法理論上の複雑な問題が絡むうえに、音声的にひとつづきの部分はそのように記すとする立場もあり、特に承接箇所や文末詞、補助動詞に関しては必ずしも慣用が確立しているわけではない。

例)「良い天気だ。」― イー　テンキダ。／イーテンキダ。
　　「天気だなあ。」― テンキダ　ナー。／テンキダナー。
　　「行ってくる。」― イッテ　クル。／イッテクル。

3. 機械による記録

これには、録音機材(録音)によるものとビデオカメラ(録画)によるものとがある。

3.1. 録音機材による記録
(1) 録音の方式と種類

要は確実・正確に記録されるように配慮されればよい。ただし、ここでいう確実さ、正確さの意味は対象ごとに多様に異なる。またそのことに対応し

て、使用する機材や記録メディアも多様に異なる。

1) アナログ式とデジタル式

まず技術的なこととして、録音方式にはアナログ式とデジタル式とがある。その相違は、簡潔には、ある状態を連続的な物理量としてとらえるか離散的な信号としてとらえるかの相違であると説明できる。

言語音は、元来、発音者の声帯振動が外界の空気振動を介して聴取者の鼓膜振動へと連続的に連なっていくいわゆるアナログ情報である。アナログ式とはそれらの情報をそのままのイメージで記録するものであり、従来のカセットテープなどがそれによっている。一方、デジタル式とは連続するアナログ情報を短時間に区切り一定のデジタル信号に置き換えて記録するものであり、後述するDATやMD、ICレコーダーなどがそれによっている。

デジタル音声の音質は主にサンプリング周波数によって規定される。それはまた、使用機材の性能を測る指標ともなるので注意がいる。サンプリング周波数とは、アナログ情報を1秒間に何回の割合でデジタル信号へと変換するかを示した数値であり、単位はHzで表す。一般には、その音の持つ最高周波数の倍数以上が必要であるとされている。ちなみに、人間の可聴範囲は20〜20000Hz程度であると言われ、身近なところで音楽用CDは、それのほぼ倍数値である44100Hzにサンプリング周波数が設定されている。

アナログ式は、対象をそのままの状態で写しとることを特徴とする反面、記録媒体への転送に伴う音質の変容は避けられない。これは、声を生で聞く場合と糸電話を介して聞く場合とで大きな音色のずれを感じることなどが好例である。また、アナログ情報の記録媒体はテープが主体であるため、媒体の劣化に伴う情報そのものの劣化も大いに懸念される。その点、一定信号に置き換えられたデジタル音声は、ダビングの繰り返しなどによっても原理的には音質は変わらず、外部刺激の影響や音飛びなどにも強いということが言える。

2) 音声圧縮と無圧縮

次に、録音機材には音声を圧縮して記録するものと無圧縮のままに記録するものとの両様があることを理解しておく必要がある。音声圧縮とは、人

の聴覚特性の面で重要度の低い成分(高・低周波領域の情報【最小可聴限特性】、大音直後の小音【マスキング効果】など)を省略し、データ量を小さくすることで記録メディアに最大限の情報を記録しようと意図するものである。MP3(エムピースリー)と呼ばれる代表的な圧縮方式をはじめ、いかに小さいデータ量で原音に忠実な圧縮を行うかでさまざまな技術が駆使されている。一方、音声無圧縮とは、原音に圧縮を加えずありのままに記録することを意図するものであり、一般にリニアPCM(リニアピーシーエム)と呼ばれる。

　大量データをいかに経済的・効率的に処理するかの欲求と、良質な音声をいかに原資料のままに記録保存するかの欲求とは、録音記録を考えるうえでは相互に捨てがたく、だれもがその葛藤の狭間で悩むところでもある。また、調査内容によっては後者でなければならないとか、逆に前者によらざるをえないといったこともあるであろう。使用する機材は、対象とする事象や目的を考慮し、それに見合ったよりふさわしいものを選択するように心がけたい。

(2)　機種

　機種の進歩はめざましく、現時点でマニュアル的なことを言及するのはあまり意味のあることだとは思われない。上記のこととも関わるが、調査者の判断により、対象・目的に見合った機種が適宜選択されるべきである。以下には、参考として、その主立ったものを例示しておく。

1) DAT (Digital Audio Tape)

　リニアPCMモード(つまり無圧縮の状態)で数万Hzまでの幅広い周波数をデジタル記録する。1990年代前半を中心に活動のあった文部省重点領域研究「日本語音声における韻律的特徴の実態とその教育に関する総合的研究」(略称『日本語音声』・杉藤美代子代表)以来、研究機関などで用いられる機種としては長らくこれがスタンダードとなってきた。すなわち、音声の収集や音響分析を目的とした記録にはこれが最適であるということが言える。ただし、DATは高価なうえに最近では製造を中止するメーカーもあり、入手が困難になりつつある。また、使用過多に伴う劣化などテープメディア

故の欠損は免れえず、保存にもデリケートにならざるをえないところがあった。また、人間の声はせいぜい数千 Hz 程度までの間での現象なので、言語音自体が対象である限りは DAT 並の性能はほとんど必要ないとも言える（ただし、音響分析の目的によっては必要な場合もある）。加えて、品質的に劣る簡易の小マイクでは DAT が持つ本来の性能を十分に生かし切れないといった問題もある。

2) 一般のテープレコーダー

アナログ機ではあるが、音声の圧縮はされていない。よほど厳密な音響学的研究のためのものでなければ、これで十分用が足りる。ただし、録音を内蔵マイクによると機材のモーター音が入り、鮮明な録音がとれない。テープレコーダーを用いる場合には、できる限り高性能な外部入力マイクを用いるようにしたい。また、既述のとおり、メディアの保存には十分な注意が必要である。

3) MD (Mini Disc)・IC レコーダー (IC recorder)

いずれも小型で携帯が便利である。小さな記録メディアで長時間・高音質な録音が可能なうえに、パソコンへの取り込みや保存・編集・再生なども容易である。ただし、その多くは音声圧縮がかかっている。圧縮の割合は長時間録音を望むほど大きくなる。圧縮技術はデータ処理のうえでは経済的であるが、その反面、音質は圧縮（長時間録音）した分だけ劣ることになるので注意が必要である。ただし、考え方にもよるが、厳密な音響分析を志向するなどの特別な事情がない限りはそれで支障はないと思われる。圧縮も、人間の音声の重要部分はカットしないなどの配慮がなされている。なお、メーカーによっては圧縮をかけないリニア PCM 対応の機種を出しており、圧縮モードとの切り替えができるものもある。

(3) 録音のしかた

録音機材の電源は、コンセントからとるにせよ電池を用いるにせよ、それが十分に確保されているかのチェックが常に必要である。

録音マイクは、その指向特性により、単一指向性マイク（正面からの音を中心に拾う）、双指向性マイク（正面と背面からの音を中心に拾う）、無指向

性マイク（周辺全域の音を拾う）の3種に分かれる。音響分析などのためには単一指向性マイク、多人数の会話などの資料を得るためには無指向性マイクによるのがよい。

　音韻調査など、より精度の高い録音を行いたい場合には、マイクをインフォーマントの口元に近づけ、音量を十分に確保することがまず必要である。ただし、あまり近づきすぎると歪みが生じ呼吸音や口周りの微妙な接触音までを拾ってしまうので、正面をやや外し、10〜20cmほど離した位置に設置するのがよい（図1）。それ以外の調査では、タイピン型や卓上用の小型マイクを用いるのが一般的であるが、その場合にも、モニターや機材のレベルメータによって適音か否かを事前に確認しておく必要がある。

　タイピン型マイクをインフォーマントの襟元などにとめて使用する場合は、インフォーマントの動きによって衣類とのこすれ音が生じる恐れがあるのでとめ方に気をつける。他方、マイクを机に直接寝かせて置くと、机上での筆記や紙・ノートの引きずり音、コップや茶碗を置く音などが存外に大きな音で入るのでノートやハンカチの上に置くなどの工夫をしたい。

　柱時計の音、冷暖房機、車やバイクの音、鳥や蝉の鳴き声なども思いの外大きく入るので注意が必要である。ラジオやテレビは事情を言って消してもらう。また、特定個人に発音を求めるような調査では、調査者とインフォーマントとの声の重なりにも十分注意する。音響分析を目的とする録音の場合は特に用心が必要である。ただし、それ以外の目的の場合はさほど神経質になる必要はない。外界音の混入や声の重なりがどうしても気になる場合は、当該箇所をもう一度発音しなおしてもらうなどして補うようにする。

　機材はなるべくインフォーマントの目につく位置には置かない方がよい。マイクも、特別な理由がない限り、あまり大きなものを目の前に置くことは避けたい。

図1　マイクの設置位置

録音を行う際は、事情を説明し、研究のためのものであって他意はないことを断ってから行う。筆録をはじめる場合も事情を呑み込んでもらってからはじめる。なお、録音するにあたっては、記録メディアの初頭部に必要事項、たとえば調査年月日、調査地点名、インフォーマント名、調査場所、開始時刻などをまず入れてからにする。多人数調査などで、後々、メディアの所在がわからなくなった場合、それと筆録との対応関係が不明確になった場合などに有効である。

　録音をはじめたら、確実に録音しているか、音は適音であるかをモニターを耳に確認することが肝要である。うっかりすると、録音スイッチを入れたつもりが押し切れていないということが起こりがちである。また、機材が終始順調に作動しているか、作動し終えていないかのチェックも重要である。さらにテープメディア以外を使う場合は、聞き返しの際の便を考慮し、調査内容や調査項目、調査番号などに沿ってトラックマーク（録音部分に記録される"区切り"）を施しておくとよい。これを行わないと、記録の確認や聞き返しの折、求める箇所に容易にはたどりつけないという不便が生じがちである。

　長時間にわたる調査では、調査の途中で記録メディアを取り替えるとか向きを変えるとかの作業が必要である。その場合、DATやカセットテープでは回りはじめの最初は空テープとなっていることを考慮に入れる必要がある。

　調査時は、可能な限り筆録を併行させることが肝要である。それによってインフォーマントに調査者の熱意を示すことになるとともに、インフォーマントの教示のしがいを実感させる。また、筆録の過程での気づき、ひらめきなどを書きとめるチャンスともなる。

　とり終わった記録メディアおよびケース（ラベル）には、調査後の早い時期に整理番号を付し、地点名、録音年月日、時間、インフォーマント名、生年月日、満年齢、録音内容、録音順序などを記すことが重要である。MDやテープメディアの場合はツメを折り（あるいはスライドさせ）、重ねどりの不備に備える。録音をとっているからと安心して無為にやり過ごしてはならない。

3.2. ビデオカメラによる記録
(1) ビデオカメラの種類と特徴

　ビデオカメラは、実質、使用する記録メディアによって種類分けされる。その選択幅は広く、miniDVと呼ばれる小型のテープメディアから、DVD、SDカード、ハードディスクタイプのものまで、多種多様である。このうち、従来より汎用性が高く要領が呑み込みやすいminiDVは小型で使い勝手がよい反面、重ねどりの危険性があったりパソコンへのデータの受け渡しが若干面倒であったりといったデメリットもある。またDVDその他にはその逆の功罪があてはまる。ただし、いずれの場合もDV規格と呼ばれる一定の画質・音質基準は保証されており、どれを用いても大きな遜色はないと考えられる。さらに高品質を確保したい場合には、それらの基準を上回るHDV規格（いわゆるハイビジョン規格）のものを用いるとよい。

　一方、ビデオカメラで撮影した動画や画像はパソコン上で処理することになるが、その際、音声圧縮と同じように、画像圧縮によって取り込むのが一般的である。特に、パソコンの性能によっては、MPEG（エムペグ）形式のような圧縮技術のほか、1秒あたりのコマ数を間引いたり、画像のサイズを小さくしたりせざるをえない場合もある。ただし、元の録画資料は高画質であることに越したことはないので、処理能力との照合の上、機材は納得がいくものを選ぶようにしたい。

(2) 録画のしかた

　録音の場合と同様、要は確実・正確に記録されるように配慮されればよい。その配慮のしかたは、何の目的で録画をとるかによって決まる。

　その目的としては、1つには発音口形をとるための場合がある。その場合は、インフォーマントが動いて口元が画面からずれたり消えたりするので、常に注意が必要である。向きも、正面からの口形をとるのか横向きのそれをとるのかにより、各々、そのための注意が必要である。できればビデオカメラに専任の調査者を据え、質問者との役割分担ができているようであれば安心である。

　録音は併行して録音機材による。それを主とし、ビデオカメラでの録音は

従と考えた方がよい。

　なお、後々論文などでそのインフォーマントの顔が載ることになるような場合は、肖像権やプライバシー保護の問題が関わるので、公表の承諾を得るとか、口元だけを公にし、鼻から上は出さないとかの配慮が必要である。もっとも、このことは画像・映像データに限ったことではなく、文字データ、さらに言えば録画すること自体に関しても同様の配慮が必要である。

　会話などの記録が目的の場合は、会話参加者の全体、相互関係がわかるように、なるべく全体的にとるのがよい。この場合も、録音機材との併用がよい。つまり会話は録音機材に、姿・動作の様相はビデオカメラによるようにする。

　ビデオ撮影の場合も、途上、作動チェック、映像対象のピントチェックは怠ることができない。

　とり終わった録画メディアへの記入事項は、録音メディアでの場合と同様である。なお、どの録画メディアがどの録音メディアと対応するものかがわかるように、双方に番号をふりメモをしておく必要がある。

4.　記録の心得

　以上には、調査を記録する方法や種類、順序、その際の注意事項などについて記してきた。ここでは、それらの全般に関わって心得ておきたいこと、あるいは事前に吟味しておくべき事柄などについて記す。

4.1.　記録の環境
(1)　場所

　より良質な音声を採録するのか、より当地・当人らしい音声を採録するのかの線引きは難しい。外界を遮断した空間は音声採録には好ましいが、そうした非日常性が生きた方言の姿をありのままにとらえるうえで同時に好ましいとは言いがたいからである。

　方言がその土地の生活語であることからすれば、本来、それを調査する場

としては、当人の生活環境に根ざした状況であることが必然である。よって、常識的なことを言えば、録音スタジオなどの異空間における調査は特殊な事情がない限りは避けるべきであろう。調査は、静かな環境であることにこしたことはないが、事情が許すならばインフォーマント宅（中でも比較的反響が少ない居間など）で行い、テレビやラジオはあらかじめ消してもらう、そのほかの外界音は十分に注意する（それでも混入が避けられなかった場合はもう一度回答や発音を求める）といったやり方が望ましい。

筆者のこれまでの経験では、インフォーマント宅でこたつに入ってとか、ストーブを囲んでとかというのが最適な場であった。こたつやストーブのぬくもり、くつろぎ感の中で、しんみり、じっくりとした調査になりやすかった。それに伴って、求める方言事象も無理なく引き出しやすかった。上述の線引きの問題もあり、それが常に最良な場であるとは言いがたいが、調査を行う際の1つの参考となる。

(2) 人間配置

まず立ちながらの調査は、同時に筆録を行うなどの関係からもふさわしくない。互いの所在の無さで落ち着いた調査もできにくい。

一方、座って調査する場合、双方が真正面に正対するのは互いに気づまりであり、取り調べの感もなくはない。正面をはずして左右に少し寄り、斜めに向かい合うと気が楽になる。横並びも悪くはない。1対1での質問調査で絵カードを見ながら回答を得るといった場合などは、両者が同じくカードに向かい、調査者が横からめくったり指示したりするなど、自然で便宜がよい。ただし、その場合は、調査票の項目や記録した内容がインフォーマントの目に触れないよう、注意が必要である。

(3) インフォーマントの人数

質問調査の場合、インフォーマントは基本的に1名とする。複数同席の場合は、そのうちの1人を主とし、ほかは従とする扱いにする。なお、その際、主とする者が従とする者の意見に左右されないよう配慮することが大切である。

会話を記録する場合も、あまり多人数でない方がよい。多人数だと1つの

話題に全員が集中するということが困難となる。とかく小グループごとに会話が分散・分裂しがちであり、話し声が重なりがちである。だれからだれへの会話かわかりにくくなり、録音はもとより、筆録もままならないといった状況に陥りがちでもある。人数は3人前後がよいところであろう。その場合、男女を織り交ぜると双方の方言事象を同時に得ることができるといったメリットも期待できる。

4.2. 記録の工夫

調査に出るに際しては、調査票（記録用紙）、記録メディア、電池は多めに準備し、封筒詰めにするなどしてあらかじめセットを作っておくと間違いが少ない。できれば、機材の突発的な不調に備えて予備のそれを携帯するようにする。

調査は、大きく質問調査方式と自然会話方式（観察調査とも）とに分かれる。

質問調査方式の場合には、質問文を確定し、それへの回答の記録のしかた

表2　調査時の注記例

〈………〉	話者の説明は、〈　　〉で囲む。
（………）	調査者が加えた説明は、（　　）で囲む。
〔………〕	調査の場にいあわせた第三者が加えた説明は、〔　　〕で囲む。
♯	だいぶ考えてから答えたことを示す。
ゆ	語形（表現）を与えて誘導した結果得た回答であることを示す。
？	その答えに疑問があることを示す。
①②③	話者が回答した順序を示す。
古	（複数回答における）比較的古い表現。
新	（　　〃　　）〃　新しい表現。
多	（　　〃　　）〃　多く使う表現。
少	（　　〃　　）〃　少なく使う表現。
上	（　　〃　　）〃　ていねいな表現。
下	（　　〃　　）〃　ぞんざいな表現。
共	（　　〃　　）共通語的・標準語的表現。

国立国語研究所編（1989 解説書：24）より

を厳密に規定しておくことが重要である。たとえば、複数の回答事象があった場合、回答順位、回答の態度、それが誘導によって得たものか否か、語の新古、使用頻度、ニュアンス・用法差などについて、どれをどこまで確認記録するかなどである。これらについては、『日本言語地図』や『方言文法全国地図』の調査時のものが1つの手本になる（表2参照）。

　また、複数のインフォーマントが同席する場合には、それがだれの発言・情報であったかを明記するよう気をつける。気づいた範囲でインフォーマントの表情なども記しておく。これらは、いずれも調査現場にあってはじめて感じとることのできる情報（逆に言えば録音記録では明確にしがたい情報）なので大切にしたい。

　回答は、調査票の各質問文の回答欄に記入する方式と、質問票と回答記録用紙を別にする方式とがある。前者の場合は、回答欄を広めにとっておくとよい。複数の回答がなされた場合や、インフォーマントの説明、調査者の注を記す場合などに便利である。後者の場合は、回答の記録が何番目の質問に対するものなのかが紛れやすい。あらかじめ回答記録用紙に質問項目番号と簡潔な項目事項を記しておくとよい。

　自然会話方式の場合は、会話文をその都度記録していくことになるが、その際、記録した文がだれからだれへのものであるかを常に明記しておくことが大切である。インフォーマントが複数の場合は特に気をつける。記録をはじめるときに簡易なインフォーマント一覧を作り、各人に符号（ａｂｃ）を与えておき、「ａ→ｂ」などと注記していくのも一法である。

　記録しながら、注目される事象が出てきたらそこを赤線で囲んでおくなどの工夫をするとよい。当該方言の骨格を早くも知るうえでの目安となるとともに、以後の調査のよりどころや指針となる。

　すべての調査を終了したら、調査票にはインフォーマントに関する印象や情報を気づいた範囲で記入しておくとよい。後々の整理の際に参考となる。なお、調査で録音を伴った場合はできるだけ早い時期に聞き返しを行い、筆録内容の確認・点検を行うよう心がけることが肝要である。

4.3. 人や状況に応じた記録

　調査は常に相手本位、先方の事情に合わせて対処すべきであるが、調査においては誠意あるあつかましさはむしろ必要であり大切であると考える。何のために調査するのかという原点に立ち返り、許される限り記録は貪欲に行いたい。

　とは言え、調査においては唯一無二の正解というものはない。相手や状況を見て、それに即応した調査・記録を行うべきである。

　たとえば、質問調査であるのにこちらの質問には応じず、孫の話などをはじめる場合がある。その場合、すぐには制せず、そこでの言語特徴を記録する。ときに、質問事項では得られない事象が得られたりする。

　プライベートで深刻な話とか人の悪口とかの話をする場合もある。その場合は筆録は休め、録音も一時ストップするなどの配慮がいる。

　質問調査で、たとえば「俺は"〜サ"なんて言わない。」という回答がなされたとしても油断できない。別のところでの発話で「駅前サ行ったら…。」などと言ったりする。どういう調査を行うにせよ、インフォーマントの発話全体に注意を向けている必要がある。

　また一方、質問調査で回答がなかなか出てこないときがある。その場合は、ひとまず保留にしておき先に進み、その途中で、または終わってからもう一度立ち返って質問すると、簡単に回答が得られたりする場合がある。それは、調査時間の節約にもつながる。自然会話調査の場合にも、発展しない話題には固執せずやり過ごし、後に再度持ち出すと意外に会話がはずんだりする。

　質問調査方式、自然会話方式のいずれによるにせよ、調査後の雑談を記録することが有効な場合がある。調査という意識から解放され、お互いがリラックスした状態で向き合える唯一の時間であり、調査時には見いだされなかった思いもよらない発見や気づきに遭遇するチャンスともなる。事情が許すならば、録音もさせてもらうとよいだろう。

　いずれにしても、人や状況に応じた調査・記録が大切である。

4.4. IPA 表記のめざすところ

　方言調査に向け、学生などが IPA 表記を自得しようとした際、その練習過程で、「難しい」「自分には無理」といった声がよく聞かれる。その難しさは、調査に出かけ、記録という所作を実際に経験した際になお一層強く感じることのようだ。未知の音を聞き、それを峻別・表記し分けるというのは確かに緊張を伴う営みであり、そのように感じてしまいがちなのも無理はない。しかし、そうした感覚的なものによって IPA 表記が煩わしいと感じてしまったり、自分には音声研究は不向きであるとその可能性を閉ざしてしまったりということがあるとするならば、それは大変残念なことである。

　先にも述べたように、IPA は必ずしも万能ではない。音声が実際には発した音の数だけ存在する事実を踏まえれば当然のことである。つまり、音声の記録とはどんなに厳密さを求めたとしても音韻論的にならざるをえないのであり、IPA 表記もあくまでその限りのものであることをまずは知っておくべきである。

　事実、共同調査などによった場合、調査者間で微妙な聞き取りの差がみとめられることは少なくない。そもそも調査の経験を十分に積んだ者でさえ表記に迷うことがある。また、そうした熟練者であるがためにかえって経験的な音感に依存してしまったり、蓄積された聴き癖が邪魔をしてしまったりということもあるかもしれない。その意味では、初心者が調査に臨むにあたっては、録音記録を保証とし、表記は必要以上に神経質にならないこと、具体的にはかな表記をイメージしつつ、それの行き及ばない点を IPA 表記によって補うといった程度のゆとり、柔軟性を持ち合わせていることが大切なのかもしれない。要は、個人の表記にぶれがないこと、個人内にしっかりとした指標が確立されていることが重要である。

　もっとも、以上は指標が個人本位でもよいとか記録が大雑把でも構わないということを言っているわけではない。記録されたものがひとたび公にされれば、受け手はそれを信用する以外ない。それがその土地の姿・真実として理解され一人歩きしてしまう。記録者として、その責任は重い。そのためにも表記は可能な限り実音に忠実であるべきであり、そのための注意や練習も

怠ってはならない。

5. 記録をどう伝えるか

　記録は、それ自体研究的価値を有する。しかしその記録は、人の目や耳に触れてはじめて生きるものでもある。人の目や耳に触れない限りは、何も調査していないに等しい。よって、記録そのことに満足してしまってはいけない。記録は公表を前提としているのであり、記録したそばからそれをどう伝えるかが吟味されなければならない。

　これまでの方言研究では、記録された方言事象が文字・記号を媒介として他者に伝えられるというのが一般的だった。しかし、近年来のパソコンの進歩により、機械を介しての、つまりは実際に音声を伴った形での幅広い情報共有が可能な時代となってきた。今後は、それの学術的な共有・交流が考慮されてよい。

　その先駆的な事例として、『CD-ROM 版 秋田のことば』(2003) などは1つの興味深い実践である。書籍版『秋田のことば』(2000) に沿いつつ、パソコン上でその具体音声が再現できることに加え、そこでの検索機能を駆使することにより、語の意味や分布、それらと具体音声との対応関係などがさまざまな角度から確認できるようになっている。これに発音や会話の映像、画像情報などが加味されればさらに充実したものとなるであろう。

　また、『CD-ROM 版 南九州声の言語地図』(2003) をはじめ、最近では、分布資料と音声資料との融合を目指した音声言語地図作成のようなとり組みが活発である。さらに、『日本のふるさとことば集成』(2001〜)、『小笠原ことばしゃべる辞典』(2005) など、文字資料と既存の録音資料とをリンクさせるような試みも盛んである。既述の日本語音声班による『日本語音声データベース』、沖縄言語研究センターによる『琉球語音声データベース』なども着実に進展しつつある。方言情報を人々が互いの目と耳で共有し合い、事実としての共通認識を図ることは、資料性の保証という点において意義深いのみならず、さらにそれを契機として、事実に裏打ちされたより健全な、そし

てより活発・十全な議論の交わされることが今後に期待できる。

　加えて、それらの情報は、今や媒体によらずとも、インターネット上でタイムリーにかつ自由な行き来が可能な状況でもある。先述のとおり、肖像権やプライバシーの問題には十分注意する必要があるが、今後はそれらを生かしつつ、調査・記録の学術的寄与が学界になされ、方言研究がこれまで以上に発展・充実していくことが望まれる。

文献
秋田県教育委員会編(2001)『秋田のことば』無明舎出版
秋田県教育委員会編(2003)『CD-ROM版 秋田のことば』無明舎出版
荒井隆行・菅原勉監訳(1996)『音声の音響分析』海文堂
今石元久編(2005)『音声研究入門』和泉書院
大石初太郎・上村幸雄編(1975)『方言と標準語』筑摩書房
加藤正信編(1985)『新しい方言研究』至文堂
岸江信介ほか(2002)「声の言語地図」『日本語学』21-9　明治書院
岸江信介・石田祐子(2005)「声の言語地図」『音声研究』9-3
木部暢子代表(2003)『CD-ROM版 南九州声の言語地図』科研費報告書
木部暢子ほか(2005)「方言音声研究の課題とその検討―『声の言語地図』からの提言―」
　　　『日本方言研究会 第81回 研究発表会 発表原稿集』
小泉保(1996)『音声学入門』大学書林
国立国語研究所編(1967～1975)『日本言語地図1～6』大蔵省印刷局
国立国語研究所編(1989～2006)『方言文法全国地図1～6』大蔵省(財務省)印刷局
国立国語研究所編(2001～)『日本のふるさとことば集成』国書刊行会
小林隆・篠崎晃一編(2003)『ガイドブック方言研究』ひつじ書房
城生伯太郎(1982)『音声学』アポロン音楽工業
城生伯太郎編(2001)『日本語教育シリーズ3　コンピュータ音声学』おうふう
ダニエル・ロング・橋本直幸(2005)『小笠原ことばしゃべる辞典』南方新社
富山大学中井研究室(2003)『CD-ROM版 富山県音声言語地図』
難波精一郎(2001)『音の環境心理学』NECメディアプロダクツ
日本音響学会編(1996)『音のなんでも小事典』講談社
平井昌夫・徳川宗賢編(1969)『方言研究のすべて』至文堂

藤原与一(1993)『実用音声学』武蔵野書院
藤原与一監修・神部宏泰編(1984)『方言研究ハンドブック』和泉書院

第8章
調査の流れに沿って

1. インフォーマントとの対面

　調査でなくても初対面の相手と接するときは緊張するものである。インフォーマントの多くは、"調査"ということばを耳にしただけで、何を聞かれるのか、どんなふうに答えたらよいのか、うまく答えられるのだろうか等々、調査者以上に不安と緊張で一杯のはずである。特に、事前に調査への協力を依頼した際、「私はうまく答えられない」「私は適任ではない」などと一旦は拒否した相手に無理にお願いしているような場合はなおさらである。調査場所がインフォーマントの自宅であっても緊張感は同じである。筆者の経験で言うと、調査の当日、お年寄りが背広を着て、いわば正装して待ちかまえていたことがあった。

　まずは相手の不安と緊張を早く取り除くことが大切である。対面時の第一印象で、相手になるべく好印象を与えるよう振る舞うことは言うまでもないことだが、威圧感を与えずリラックスさせるような雰囲気作りを心がけたい。そのためには、必要以上に丁寧なことばづかいは避け、なるべく平易なことばで話しかけることによって、相手に安心と自信を与えるようにしたい。と言って、慣れ慣れしすぎてもいけない。あくまでも「自然体」で接することを心がけよう。「好印象」を与えるためには服装も大切である。華美な服装やだらしのない格好を避けるのは当然であるが、「背広にネクタイ」

のようにきちんとしすぎても逆に相手を緊張させてしまう恐れがあるので善し悪しである。自宅を訪問するようなときには素足にサンダル履きも失礼にあたるので注意したい。

いずれにしても、「調査する」という立場を表に出さず、方言を「教わる」という真摯な態度で臨むことが何よりも大切であろう。

さて、インフォーマントとの信頼関係が相互に形成されたら、いよいよ調査の目的や趣旨の説明である。サンプリング調査の場合や飛び込み調査で突然訪問するときはもちろん、紹介者を介しての訪問であっても、十分に調査の趣旨が伝わっているとは限らない。仲介者がインフォーマント本人の意志を十分確認しないまま無理に依頼しているケースや、本人の承諾を得ないまま家人が調査に応じてしまっていることもあり得るので注意が必要である。事前に依頼状を送ってあったとしても開封していないことも多い。まずは、調査に協力してもらえるよう十分な理解を得ることが肝心である。

ところで、約束していたにもかかわらず、自宅を訪れたらインフォーマントが出かけてしまって留守であったり、予定時間に調査会場に現れなかったりする場合がある。そのようなときも冷静に対応したい。不満そうな態度を見せることは禁物である。帰宅の時間を尋ね、開始時間をずらしての調査が可能か、あるいは日程の再調整を行うのがよいのか、相手の都合に合わせて対応しよう。ゲートボール場や老人会の集まりなど、出先がわかっている場合はそこまで出向き、直接顔を合わせて再度約束を取りつけることも効果があるだろう。調査スケジュールが気になるところであるが、無理強いは決して良い調査にはつながらない（第6章8.参照）。

また、1人で調査に応ずるのは心細いという理由であらかじめ複数での調査を希望されるケースもある。調査場所に複数のインフォーマントが待機していることもある。インフォーマントが多数確保できるという点では大変ありがたいことであるので、調査の条件に合致すれば多くの人に調査できるよう努めよう。その際、いくつか具体的な質問例を示して簡単に回答できる調査だということを納得してもらい、できるだけ個別調査に応じてもらえるよう対応するのがのぞましい。公民館や宿泊先などでの調査であれば、調査員

の応援を求め、広めの部屋の中に間隔を空けて席を設置し、お互いの姿が確認できるような配慮をすれば、インフォーマントの不安も自ずと和らぐことだろう。

単独で調査に臨んでいる場合には、時間帯をずらすなどして協力的なインフォーマントを逃さないようにしたいものだ。

2. 調査の開始

いよいよ調査に入るわけだが、事務的に進めていくことは避けたい。対面するやいなや調査票や筆記道具を無造作に取り出し、いかにも調査するぞというような姿勢は感心しない。はやる気持ちを抑え、雑談からはじめてスムースに調査に移行できることがのぞましい。農家であれば、栽培している作物のことや、漁村であれば水揚げされる魚の種類など、インフォーマントが触れやすい身近な話題を取り上げながら調査に入るきっかけを自然につかんでいくことが大切である。雑談を通して地域の歴史や風土に関する情報を得られれば一石二鳥でもある。

中には、調査の趣旨が十分に伝わっておらず、インフォーマントが自ら当該地域の方言を書き留めて待ち受けている場合がある。自ら方言集を編んでいるようなインフォーマントに出会うこともある。こちらが準備した質問に答えてもらうことを告げるわけであるが、相手が用意した資料に目もくれずに調査を進めようとするのも失礼にあたるので気をつけたい。ある程度はその中身に関する意見交換を行いながら実際の調査に移行させていく配慮が欲しい。特に相手が教育委員会などで紹介されたいわゆる有識者であるような場合、調査者が初心者であればなおさらのこと、相手のペースに圧倒されがちである。相手のプライドを傷つけないよう対応しつつ自分のペースに持って行く工夫が必要だろう。

また、調査時の座の配置にも配慮しよう。インフォーマントと対面で向かい合うと、何か尋問をしているような圧迫感を与えることもある。調査員が複数であればなおさらのことである。できればインフォーマントと横向きに

位置するよう心がけたい。しかし、音声項目の調査などで、口の動きを観察したい場合はこの限りではない。

テープなどに録音する場合には、個人情報保護法の遵守を伝えたうえで相手の了解を得、それからテープレコーダーのスイッチを入れるという手順を守って欲しい。調査結果を報告書の形でまとめる際に音声資料も添付して公開する可能性があるならば、インフォーマントの了解を取りつけ、調査終了後には用意した承諾書に署名してもらうことがのぞましい（第4章6.参照）。

インフォーマントがリラックスして応対できるようマイクの設置場所にも注意したい。スタンドマイクの場合は指向性を考え、ピンマイクの場合はインフォーマントに違和感を与えないよう配慮する必要がある。身振り、手振りの際にも邪魔にならず、しかもマイクの存在を意識しない場所が理想的である。外部マイクを使用する際には、本体とは別にマイクのスイッチのオン・オフも確認しよう。テレビやラジオはもちろん扇風機や空調機の音も再生時にはかなり気になるものだ。インフォーマントの衣服にピンマイクを取りつけている際には体を動かしたときの衣擦れの音がマイクに入らないよう注意したい。特に音声項目の調査の場合には細心の注意を払って、その状況での最適の音が収録できるようにしたいものだ（第7章参照）。

3. フェイスシート項目の聞き取り

さて、まずはフェイスシートの項目を尋ねることになる。ここからが予定していた調査のスタートと言って良いだろう。

必要事項を淡々と事務的に質問し続けたり、あたかも尋問しているような口調にならないよう注意しよう。

調査地点、インフォーマントの住所、氏名、年齢などあらかじめわかっている情報は調査に出かける前にフェイスシートに記入しておき、面接の際にはそれを確認することで時間の短縮を図ることができる。録音する場合には、記録上の必要事項は調査前にテープの冒頭にあらかじめ吹き込んでおくと良い。個人情報をしつこく聞いて不信感を与えないよう聞き方にも配慮が

欲しい。住所は後で礼状や一緒に撮影した写真を送るために必要であるとか、電話番号は不明な箇所があった際に確認する必要があるかもしれない等々、理由を添えることで相手の安心感も得やすくなるものだ。

　調査地点とは、事前の準備の段階で5万分の1地形図上で選定した地点であり、現住所とはずれている場合があるので注意が必要である。特に共同調査の際には調査員全員で確認しておくべき事項であろう。公民館など実際に聞き取りを行っている場所を記入してしまうこともあるので注意したい。調査地点はあくまでインフォーマントの生まれ育った地点である。町村合併などで地名が変更になっていることも多いので、小字名や過去の名称を確認しておく必要がある。地名確認の際に、当該地域で通常どのように発音しているかという点にも注意しておきたい。

　職業を尋ねる際に、「ご職業は何をなさっていますか」式の質問だと、高年層のインフォーマントの場合、引退後の現時点での職業（文化財調査員、役場の嘱託職員など）を答えたり、「無職」という答えが返ってくることがあるので、現役時代の職業も確認しておくことを忘れてはならない。

　学歴の質問はデリケートな質問なので注意を要する。相手にひけめを感じさせないような心づかいが必要である。たとえば「小学校はどちらでしたか」のような質問からはじめ、「その後はどうなさいましたか」、「その後は〇〇のお仕事ですか」などと聞いていく。できるだけ直接的な質問は避けたい。

　両親の出身地を聞く際にも、個人情報を根掘り葉掘り聞くような印象を与えないように注意する。両親の出身地のことばが影響を与えている場合もあるので念のため聞いておきたいなどの理由を伝えると良いだろう。

　言語経歴はインフォーマントとしての適否を判断するうえで極めて重要な項目である。この時点でインフォーマントが当該地点の話者として不適であることが判明する場合がある。ただし、ここで唐突に調査を打ち切ることは避け、今後の調査に参考になるようなことを中心に自然な区切りまで調査を続行することが、時間を割いて対応してくれた相手に対する礼儀でもある。たとえ時間のロスになっても、ほかのインフォーマントを得るきっかけがで

きたり、思わぬ情報に出くわすこともある。当然のことながら調査を早めに切り上げることになるが、投げやりな調査であるような印象を与えないように注意する。相手に不信感を与えることは、以後の当該地域での調査にも少なからず悪い影響を与えかねない。

なお、インフォーマントとの信頼関係が成立しないうちに個人情報的な内容を尋ねにくければ、当該地域のインフォーマントとして適格か否かの判断に関わる項目以外は、調査終了後に回すことも有り得るだろう。

4. 調査項目の聞き取り

雑談をしているうちにインフォーマントの緊張も和らぎ、うち解けてきたタイミングをみはからって調査に入ろう。調査に慣れていないうちは相手のペースにはまってしまい、なかなか目的の調査に入れないことも多いが、インフォーマントとの信頼関係が築かれてはじめて良い調査ができるのだから焦らずにいきたい。特に共同調査でノルマが決まっている場合でもこちらが急いでいることを相手に悟られないようにする配慮が必要である。調査項目と直接関係が無くとも、雑談の中に出てきた話題から方言の話題へと引き込みながら本来の質問へ移行していくのも1つの方策である。

いよいよ準備してきた調査票にしたがって調査をはじめることになるが、調査票に記載された質問文を棒読みするような聞き方にならないよう注意しよう。調査前の雑談でリラックスしていたとしてもいざ調査となると硬くなってしまうケースもある。地域の親しい人とふだん話すときのことばを教えてもらうよう念押ししよう。調査をしながら、インフォーマントが方言資料を得るのに適材かどうかを判断することも必要である。調査対象者の条件に合致していたとしても、質問に対して適確に方言形が回答されるのか、質問の意図の理解が十分か、調査に協力的かなどの情報は次回以降の調査にも活かせるので調査票の隅に控えておきたい。ただし、くれぐれもインフォーマントの目につかないよう気をつけよう。入れ歯かどうかという身体的特徴の情報も音韻調査には重要な情報である。

では質問の際の注意事項を説明しておこう。

　音韻や語彙の調査の際にはなぞなぞ式による質問法が用いられることが多い。「空から落ちてくる水のようなものは何と言いますか」のような当たり前のことを聞かれると、インフォーマントによっては子ども扱いされていると勘違いして不機嫌になる人もまれにいる。相手が有識者である場合はなおさらである。共通語を提示してしまうとふだん使用している方言が思い出せなくなる恐れがあるのでこのような尋ね方をしているということを十分に説明して理解を求めよう。

　また、写真や絵を見せてその名称を尋ねる方式の場合もそう簡単にはいかない。動物や植物の総称を尋ねているのにインフォーマントが個別の名称を答えてしまうこともある。「蛙」や「茸」の総称を尋ねているのに「ひきがえる」や、「うしがえる」、「まつたけ」、「はつたけ」など個別名称の方言形を答えてしまったりする類である。写真や絵がリアルすぎるとよく起こる間違いである。調査者が不慣れだと、誤解に気づかず相手の回答を鵜呑みにしてしまうことも起こりかねない。総称を尋ねる場合は、ほかにどんな種類があるのか、それらをまとめて何と言うのかなどの確認を怠らないようにしたい。写真や実物に近い絵を示すのが効果的だと思いがちだが、誤解を避けるためにはかえって単純なイラストを用いる方が良いだろう。

　身体部位の名称を尋ねる場合も同様で、当該部位を手で指し示して尋ねることがあるが、実際に指している部分と近いほかの部位の名称を答えていても気づかない場合があるので要注意である。たとえば、「頬」と「こめかみ」のように部位の境があいまいな場合は気をつけたい。

　調査対象そのものを指し示したり、実物を見せれば確実な回答を得られるだろうという思いこみは禁物である。

　いずれにしても質問の意図に合致した回答がなされているのか十分に気を配り、質問の誤解を見逃さないようにしたいものだ。

　次に、なかなか方言形が出てこないときにあらかじめ調べていた予想語形を示して誘導すると、「あんたの方が知ってるじゃないか」と言われることがある。予想語形をどんどん示していくと、わかっていることをどうしてわ

ざわざ質問するのかと不審に思うインフォーマントも少なくない。特に夢中で質問している調査初心者はそこで立ち往生してしまうこともある。調査に備えて多少土地のことばを勉強してきているが、それが実際に使われているのかどうか知りたい、あるいは地元の人がどんな発音をしているのかを直接自分の耳で確かめたいなどの説明をすれば相手も安心するだろう。

　音声の調査のときに調音点を確認しようと口の中をのぞき込んでいると、女性のインフォーマントの場合、恥ずかしくなって口を手で隠しながら答えてしまうときがある。口の動きにもその土地の特徴が現れるなどの説明をして理解を求めたいが、決して不快な思いをさせないよう注意したい。つい調査に夢中になって気づかずに行っている行為が、相手にとっては非常に気になることもあるので気をつけたい。

5. 調査中の対処事項

　対面調査である以上、スムースに調査がはじまっても、途中でインフォーマントとの対応に関して様々な対処すべき事態が生じるものだ。具体的には、

　　(1) インフォーマント以外の人物が調査に同席する。
　　(2) インフォーマントの話が横道にそれる。
　　(3) インフォーマントが疲れてしまう。
　　(4) インフォーマントが質問の趣旨を飲み込めない。

などのケースが考えられるだろう。

　(1)のケースは、インフォーマントの自宅で調査を行っている場合、お茶を出しに来てくれた家族が話の内容に興味を持ってそのまま同席してしまったり、たまたま遊びに訪れた友人をインフォーマントが調査に誘ってしまったりする場合である。どうしても同席者も含めて対応せざるを得ないときに注意したいのは、インフォーマントが回答しやすい環境を整えることである。同席者が先に質問に答えてしまい、インフォーマントが「同じだ」「そうそう」のように答えるようになって語形を発しなくなってしまっては具合

が悪い。特に発言力の強いリーダー的存在の人物が先に答えてしまうと、後から答える人間は違う回答をしたくてもなかなか言い出せないものである。発言順序を決めて、当該のインフォーマントがまず最初に回答できるような対策を講じるのも良いだろう。

　(2)のケースでは、インフォーマントが調査に飽きてきているのか、単に話題が豊富で話し好きであるのかを見極める必要があるだろう。前者の場合であれば、調査項目を別の分野に変更して新たな興味を喚起するのも効果的かもしれない。後者の場合は、調査に慣れていないと相手のペースでどんどん時間ばかりが経過していってしまう恐れもあるが、相手のことばの端々から調査に関連する内容をとらえ、調査に引き戻すことを考えよう。何かその土地特有の方言形が出てきたらそのことばの意味や用法を尋ねたり、そのことばで表現される物にどんな種類があってどのように言い分けているのかなど、相手の興味を引きながら調査のペースに戻していこう。気になる発音があれば、それを取り上げて音声項目の質問に移ることもできるだろう。焦らずにインフォーマントの話をしっかりと聞きながら調査に引き戻すタイミングをうかがおう。あるいは、インフォーマントから話題が出されること自体、面接そのものには快く応じてくれていると判断し、やや失礼になるかもしれないが、まず調査を優先し雑談を後回しにしてくれるようお願いすることも考えて良いだろう。

　いずれにしても、そもそもこのようなケースが起こり得ることを見越して、調査時間に余裕を持たせた設定を心がけたい。

　(3)のようなケースは、特にインフォーマントの様子に気を配っていなくてはいけない。多くの調査項目をこなそうとして調査に夢中になってしまうところであるが、適度に休憩を取ったり、合間に雑談をはさみながら余裕を持った調査を心がけたい。単調な質問が続いたり、メリハリのない淡々とした質問の連続では余計に疲れが増すものである。相手の回答が投げやりになってきたら注意信号である。インフォーマントの方からはなかなか休憩しようと言い出せないものである。相手の様子を常に思いやりながら調査を進めよう。

(4)のケースは必ずしもインフォーマントだけの問題とは限らない。特に用言の活用や表現法などの質問はなかなか調査者側の意図が伝わらないことが多いので要注意である。

　場合によっては、質問文に不備があったり、質問の仕方が適確でなかったりすることも多々ある。インフォーマントと十分にコミュニケーションをとりながら、調査の趣旨に影響しない範囲で、調査文や質問文を変えてみるといった工夫も必要であろう。どこが理解されにくいのかを明らかにすることは、今後の調査にとっても非常に重要なことである。また、回答に手間取っている項目を一旦飛ばして調査し、あとでまたその項目に戻るというやり方も目先を変えるという点で効果的なので試してみよう。

　思い通りに進まなくても焦って尋問調にならないよう気をつけよう。用言の活用や表現法などの質問は不向きでも、音声項目や語彙項目など、答えやすそうな質問を選んで尋ねるような配慮も大切である。答えられない質問ばかりが続くとインフォーマントのやる気が失せてしまうこともあるからである。インフォーマントがどの調査項目のインフォーマントとして適しているのか見極めることも大切である。

6. 調査の終了

　あらかじめ伝えておいた調査時間はできるだけ守りたい。特にインフォーマントが調査後に予定を入れているような場合は支障のないように終了時間を厳守しなくてはならない。ただし、中には調査前は気乗りしなくても、調査が進んでいくうちにおもしろくなって時間の経つのを忘れてしまうようなインフォーマントも少なくない。比較的時間に余裕のあるインフォーマントであれば、事前に伝えた調査時間の延長も可能であろうが、一応予定の時間が来たらもう少し相手をしてもらえるかどうかの確認はしておこう。相手の好意に甘えて調査時間を延長したとしても、食事の時間にずれ込んだりして家族に迷惑をかけるようなことは避けたい。調査が途中であっても後日の調査継続を約束し、区切りを付けよう。

調査がひととおり終わったならば丁重に心から感謝の意を表そう。お礼の品を用意している場合は忘れずに渡そう。できればインフォーマントとの記念撮影も行いたい。後日礼状に添えて送れば感謝の気持ちがよりいっそう伝わるはずだ。

　常識的なことであるが、公民館や宿泊先などの部屋を借りて調査を行った際には、その部屋から送り出すだけでなく、必ず玄関先まで同行して送り出すのが礼儀であろう。インフォーマントの帰宅を見届けるまでは気を抜かないようにしたい。

　調査から帰ったら必ず感謝の気持ちを込めた礼状を出すことを忘れてはならない。礼状を投函してはじめて臨地調査が終了したと言っても過言ではないだろう。特にお年寄りのインフォーマントにとって若い学生調査員から礼状が届くとうれしいらしく、友人や知人の間でお互いに見せ合ったりすることもあるようだ。それだけに礼状が届いた人と届かなかった人が出ないようくれぐれも気をつけたい。共同調査の際には、調査協力者全員の礼状がそろっているか確認したうえで一括して投函すれば、到着時期もずれが無くてよいかもしれない（第6章10.3参照）。

　最後に繰り返しになるが、臨地調査では、限られた時間の中でできるだけ多くの項目を質問したいものである。しかし、決して調査する側の都合だけを考えず、常に相手の立場に立った思いやりのある調査を心がけるようにしよう。

文献
鈴木淳子(2002)『調査的面接の技法』ナカニシヤ出版
平井昌夫・徳川宗賢編(1969)『方言研究のすべて』至文堂
藤原与一監修・神部宏泰編(1984)『方言研究ハンドブック』和泉書院
森岡清志編(1988)『ガイドブック社会調査』日本評論社

第9章
調査結果を整理する

1. 現地での整理－調査票・録音テープの回収

　ことばの調査は、現場に出向いて話者へのインタビューをもとに調査票に記述されることで行われる。また、MDやカセットテープに録音されて、研究の新しい資料となる。したがって、現地での記録となる調査票・調査承諾書・録音テープは丁寧に取り扱い、回収、整理、保管しなければならない。

　調査資料の回収では、調査者自身が、まず調査票の質問項目に記入漏れや未調査項目がないかを十分に点検し、必要に応じて録音テープなどを聞き直して記入・訂正する。同時に、データ入力が調査者以外によってなされる可能性を踏まえて、自分以外の第三者にでも判別可能な記述になっているかについても確認する。

　次にインフォーマント情報についても、フェイスシートにインフォーマントの氏名・年齢（生年月日）・性別・住所・電話番号や、調査の目的に応じて、学歴や通勤歴、外住歴や両親・配偶者の出身地などの情報が記入されているかどうかを確認する。また、調査者側の情報として、調査日・調査時間・調査場所・調査者の氏名（学籍番号・学部・コース・学年）などが記載されているか確かめる。

　これらの調査情報は、調査票の設問項目と同様にたいへん重要な情報で、調査データの資料としての性格や資料価値はこのフェイスシートによってい

るといっても過言ではない。記入漏れなどがないかを十分に確認しておきたい。

　また、録音テープについても整理を行い、カセットテープやMDを回収するときには、

　　①重ね録りで貴重な調査が消失しないようにテープの爪を折ること。
　　②テープに調査地点・インフォーマントの氏名・年齢・性別のシールを貼ること。
　　③ケースの背の部分に調査地点・インフォーマントの氏名・年齢・性別を記入すること。
　　④ケースの表に、調査地点・インフォーマントの氏名・年齢(生年月日)・性別および、詳細な住所と電話番号と調査者の氏名(学籍番号・学部・コース・学年)を記入すること。
　　⑤録音テープに損傷がないか、正確に録音されているかどうかを点検すること。

などが確実に実行されていることを確認したうえで担当者に提出する(写真1　以下、写真や図表内のインフォーマントの氏名・住所などは架空のものである)。

写真1　MDケースへ調査情報を記入する

回収担当者は、①調査地点、②インフォーマント氏名、③調査者氏名、④未記入項目の有無、などを記した「調査票・承諾書・テープ」回収リストをあらかじめ作成し、記入保管しておきたい。

　なお、調査地での資料の回収は以上であるが、調査終了後できるだけ早く整理することがミスと混乱をさけることにもつながるので、現地あるいはできるだけ現地に近い地点でのすみやかな整理に心がけたい。

2. 帰ってからの整理

2.1. 調査票のファイリングとテープの収納

　調査票は、調査地域内を、市町村や郡単位で分割した単位ごとに資料内容を背表紙や表紙に表記したうえでファイリングする。なお、ファイルは後日パソコンへのデータ入力作業を行うことを考えて、あまり大部なものにしないように注意したい（写真2）。

　収納ケースには、調査の録音テープを調査地域の市町村や集落単位でストックする。また、テープ以外にも調査中に収集した写真や冊子、資料なども地点ごとに収納ケースにストックしておきたい。というのもフィールドワークをはじめると、調査地の役場や話者から新聞や雑誌の切り抜き、各種統計資料などの色々な資料が集まってきて、これらは後に報告書を作成する際に重要な資料となることが少なくないからである（写真3）。

　調査票・録音テープの整理は、①地点ごとに、②話者ごとに整理したい。

　地点については、都道府県・市町村・地区・集落単位で分類し、話者は世代や男女といった属性による分類が一般的であろう。ファイリングされた調査票をもとに、調査結果の集計をしていく。集計では、調査項目ごとに地点名・インフォーマント氏名・調査回答などを記入していく。近年はパソコンの表計算ソフトを用いて整理することが多いため、この調査情報にもとづく分類を表計算ソフトでのセルの項目に対応させることが多い。

写真2　調査票をファイルする

写真3　録音テープをケースに収納する

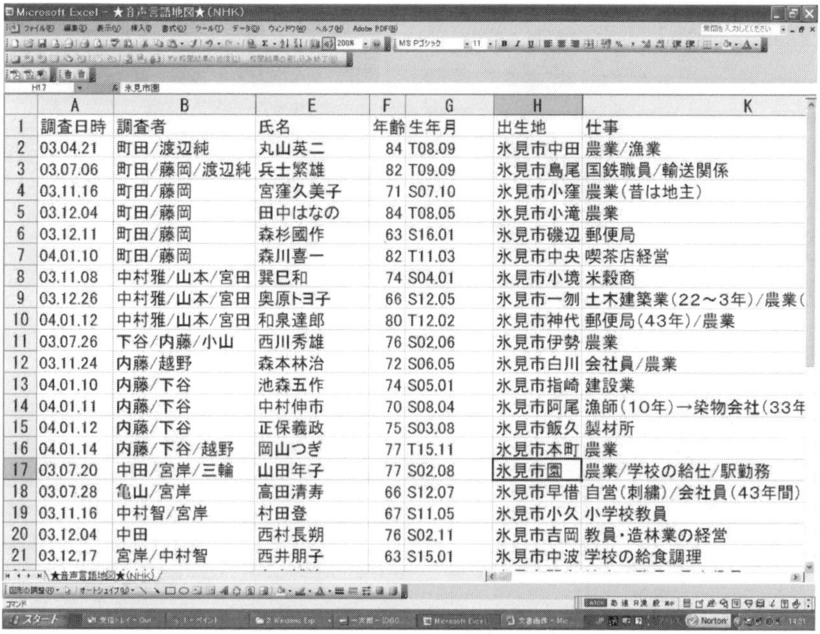

	A	B	E	F	G	H	K
1	調査日時	調査者	氏名	年齢	生年月	出生地	仕事
2	03.04.21	町田/渡辺純	丸山英二	84	T08.09	氷見市中田	農業/漁業
3	03.07.06	町田/藤岡/渡辺純	兵士繁雄	82	T09.09	氷見市島尾	国鉄職員/輸送関係
4	03.11.16	町田/藤岡	宮窪久美子	71	S07.10	氷見市小窪	農業（昔は地主）
5	03.12.04	町田/藤岡	田中はなの	84	T08.05	氷見市小滝	農業
6	03.12.11	町田/藤岡	森杉國作	63	S16.01	氷見市磯辺	郵便局
7	04.01.10	町田/藤岡	森川喜一	82	T11.03	氷見市中央	喫茶店経営
8	03.11.08	中村雅/山本/宮田	巽巳和	74	S04.01	氷見市小境	米穀商
9	03.12.26	中村雅/山本/宮田	奥原トヨ子	66	S12.05	氷見市一刎	土木建築業（22～3年）/農業（
10	04.01.12	中村雅/山本/宮田	和泉達郎	80	T12.02	氷見市神代	郵便局（43年）/農業
11	03.07.26	下谷/内藤/小山	西川秀雄	76	S02.06	氷見市伊勢	農業
12	03.11.24	内藤/越野	森本林治	72	S06.05	氷見市白川	会社員/農業
13	04.01.10	内藤/下谷	池森五作	74	S05.01	氷見市指崎	建設業
14	04.01.11	内藤/下谷	中村伸市	70	S08.04	氷見市阿尾	漁師（10年）→染物会社（33年
15	04.01.12	内藤/下谷	正保義政	75	S03.08	氷見市飯久	製材所
16	04.01.14	内藤/下谷/越野	岡山つぎ	77	T15.11	氷見市本町	農業
17	03.07.20	中田/宮岸/三輪	山田年子	77	S02.08	氷見市園	農業/学校の給仕/駅勤務
18	03.07.28	亀山/宮岸	高田清寿	66	S12.07	氷見市早借	自営（刺繍）/会社員（43年間）
19	03.11.16	中村智/宮岸	村田登	67	S11.05	氷見市小久	小学校教員
20	03.12.04	中田	西村長朔	76	S02.11	氷見市吉岡	教員・造林業の経営
21	03.12.17	宮岸/中村智	西井朋子	63	S15.01	氷見市中波	学校の給食調理

写真 4　エクセルによる調査情報の入力

2.2.　パソコンで整理する

調査の結果は、通番・調査地点名・インフォーマント氏名・調査日・調査者氏名および調査回答を、その後の処理を考えて、エクセル (Excel) やデータベースソフトに入力・処理する。というのもそれによってさまざまな統計的な分析が可能で、このようにデータを整理して入力しておけば、属性ごとの集計表や集計されたデータを使ってグラフなどへの加工も可能になる (写真 4)。

なお、近年では、カセットテープや MD に替わって IC レコーダーや WEB レコーダーが録音に使用されることも増えてきた。これらは、資料の置き場所に悩む必要もなく、調査録音を簡単にパソコンに取り込め、ハードディスクでの保管も容易なため急速に普及している。デジタルデータは回収などの取り扱いは簡単であるが、ハードディスクや DVD などに音声データ

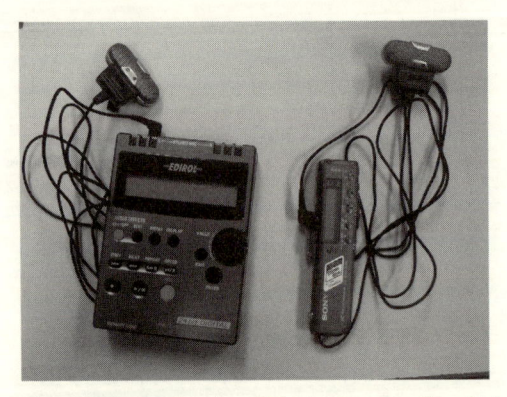

写真5　WEBレコーダー（左）とICレコーダー（右）

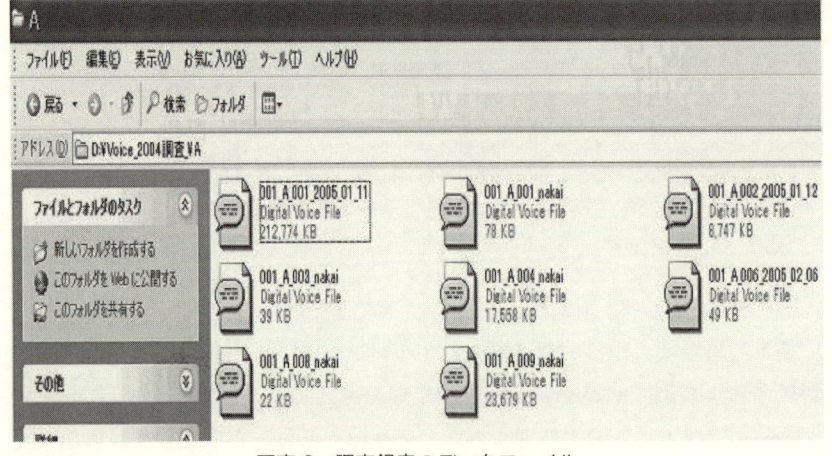

写真6　調査録音のデータファイル

のバックアップをとっておきたい（写真5・6）。
　調査終了後、調査票の内容については録音テープで確認する。テープでの確認は、データ入力前に行う場合と後に行う場合の2通りの順序が考えられるが、パソコンでエクセルなどの表計算ソフトを用いて整理作業を行う場合は、一度データを入力した後に、テープを聴きながら、①調査に直接関係する事項は、エクセルのメインシートに入力・改訂し、②関連事項はサブシートに入力すれば、多くの調査参加者とデータの共有が可能になる（写真7・

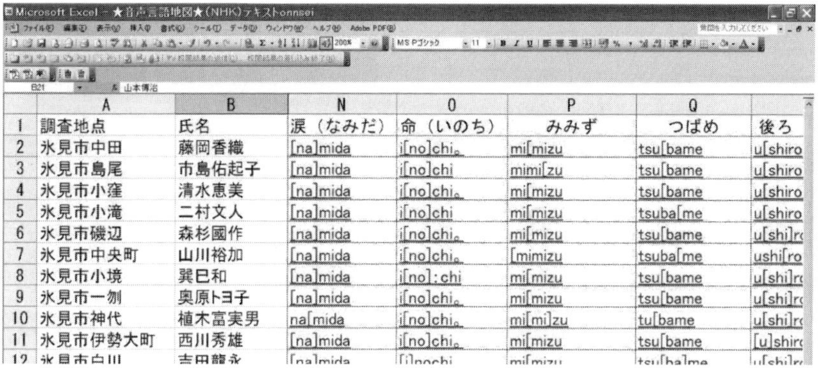

	A	B	N	O	P	Q	
1	調査地点	氏名	涙（なみだ）	命（いのち）	みみず	つばめ	後ろ
2	氷見市中田	藤岡香織	[na]mida	i[no]chi。	mi[mizu	tsu[bame	u[shiro
3	氷見市島尾	市島佑起子	[na]mida	i[no]chi	mimi[zu	tsu[bame	u[shiro
4	氷見市小窪	清水恵美	[na]mida	i[no]chi。	mi[mizu	tsu[bame	u[shiro
5	氷見市小滝	二村文人	[na]mida	i[no]chi	mi[mizu	tsuba[me	u[shiro
6	氷見市磯辺	森杉國作	[na]mida	i[no]chi。	mi[mizu	tsu[bame	u[shi]r
7	氷見市中央町	山川裕加	[na]mida	i[no]chi。	[mimizu	tsuba[me	ushi[ro
8	氷見市小境	巽巳和	[na]mida	i[no]:chi	mi[mizu	tsu[bame	u[shi]r
9	氷見市一刎	奥原トヨ子	[na]mida	i[no]chi。	mi[mizu	tsu[bame	u[shi]r
10	氷見市神代	植木富実男	na[mida	i[no]chi。	mi[mi]zu	tu[bame	u[shi]r
11	氷見市伊勢大町	西川秀雄	[na]mida	i[no]chi。	mi[mizu	tsu[bame	[u]shir

写真７　エクセルによる調査回答（音声データ）の入力

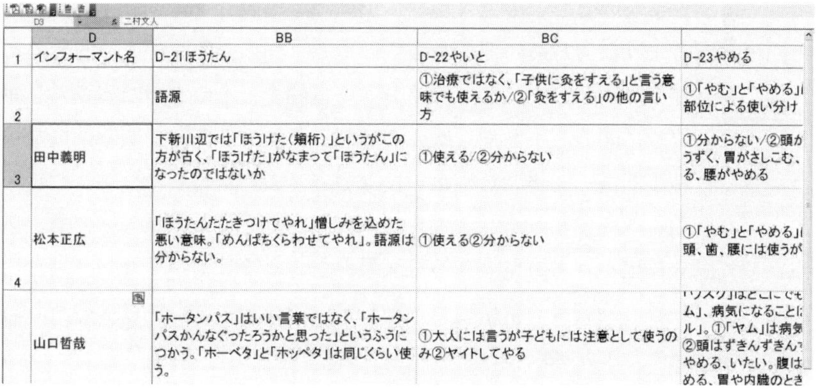

	D	BB	BC	
1	インフォーマント名	D-21ほうたん	D-22やいと	D-23やめる
2		語源	①治療ではなく、「子供に灸をすえる」と言う意味でも使えるか/②「灸をすえる」の他の言い方	①「やむ」と「やめる」 部位による使い分け
3	田中義明	下新川辺では「ほうけた（頬桁）」というがこの方が古く、「ほうげた」がなまって「ほうたん」になったのではないか	①使える/②分からない	①分からない/②頭が うずく、胃がさしこむ、 る、腰がやめる
4	松本正広	「ほうたんたたきつけてやれ」憎しみを込めた悪い意味。「めんぱちくらわせてやれ」。語源は分からない。	①使える②分からない	①「やむ」と「やめる」 頭、歯、腰には使うが
	山口哲哉	「ホータンパス」はいい言葉ではなく、「ホータンパスかんなぐったろうかと思った」というふうにつかう。「ホーベタ」と「ホッペタ」は同じくらい使う。	①大人には言うが子どもには注意として使うのみ②ヤイトしてやる	ム」、病気になることに ル」。①「ヤム」は病気 ②頭はずきんずきんで やめる、いたい。腹は める、胃や内臓のとき

写真８　サブシートの入力

8)。

この確認作業は、共同調査の場合、各人の関心事や視角などが異なるため、同じ調査票を用い、同じような回答を得ても調査者個々人によって報告される結果に「ゆれ」の生じることがあり、それらの「ゆれ」を確認し、誤りや偏りを軌道修正できる場合も多いという利点がある。

3. 調査の問題点への対処

　十分に準備し、円滑で質の高いフィールドワークが行えたとしても、帰ってから調査データの整理をはじめると、さまざまな「問題点」が浮かんでくる。

　調査の不備は、調査中のメモや観察をまとめたフィールドノートで回復することも可能であるが、「よりよい調査票は調査が終わって完成する」ということばに象徴されるように、フィールドワークという仮説検証の作業を経て、はじめて問題の所在や不備が明らかになる。

　調査の意図や研究の本質に関わるような不備でない場合は、部分的な修正でもって調査票を改訂し、早急に現地に出向いて再調査を実施し、不明箇所の回復を図るようにするのが理想である。また、簡単な確認程度の内容であれば、電話などによってインフォーマントに質問するものよいだろう。しかし、調査の根本に関わる不備や、研究の構想に影響する問題が明らかになった場合は、あまり慌てて再調査に出かけない方がよいかもしれない。明らかになった問題についてじっくりと考え、調査の企画を練り直したうえで、あらためて調査に出かけた方が実りある成果が得られるにちがいない。場合によっては、終了した調査の結果はそれとして受け止め、問題点は次の新しい調査のテーマとして発展的に設定し直した方がよい場合もある。

　「再調査」という用語にも気をつけなければいけない。方言のフィールド調査は、考古学の調査のように一度発掘してしまうと遺跡が破壊され二度と同じ調査はできない性格のものではなく、必要に応じて納得のいくまで何度でも再調査は可能であるように考えられている。しかし、実際はインフォーマントの気分や体調、調査者の接し方、その場の雰囲気によって回答の内容や深さに差異があって、厳密には同じ調査は二度とできないかもしれない。また、調査者側のミスによって、話者に貴重な時間を浪費させるのは道徳上も好ましくない。それらのことを考えると、結果の整理以前、すなわち、調査の立案・準備・実施の段階で、あとから大きな問題や不備が発見されないように細心の注意を払うことがなによりも大切である。

附録　参考になる調査票目録

1. はじめに

　ここでは、特に方言調査の初心者が調査票を作成する際に参考となる先行研究の調査票、およびそれらを収めた文献を挙げる。第3章「調査票を作成する」で調査票の作り方が解説されているが、ここに挙げた調査票を実際に見ることで、調査票の具体的なイメージをつかんでいただきたい。

【選定方針】
(1) 文献所載などの形で公開された調査票は数多くあるが、ここでは特に次のようなものを挙げた。

　「2.　調査票リスト」
　　・代表的な方言調査における調査票。
　　・公開されていて、入手しやすい調査票。
　　・実物に近い形で掲載されている調査票。
　　・現時点での方言調査の参考になる調査票。
　「3.　調査項目設定の参考資料」
　　・直接に調査票という形式を呈してはいないが、調査票を作る際、調査項目の選定に役立つと思われる資料。

「4. 学史的に参考となる調査票」
　・学史的意義のある、代表的な調査票。

(2) 各種方言地図集やグロットグラム集には、調査の際に用いた調査票がそのまま転載されているものも多くある。また、各地図や各グロットグラムの図版には、項目名や質問文が示されているものも多く、それらをまとめれば調査票としてある程度再構成できる、ということになる。

　調査票作成時に参考となる方言地図集やグロットグラム集は数多いが、紙幅の都合上、以下のようなものはここでのリストから除いた（ただし『日本言語地図』と『方言文法全国地図』は例外）。

・大西拓一郎（2002）「主要方言地図目録」馬瀬良雄監修『方言地理学の課題』明治書院　に掲載されている文献。
・日本方言研究会ホームページ内の「言語地図目録（単行本）」（大西拓一郎作成）に掲載されている文献。
http://wwwsoc.nii.ac.jp/cdj/la_book.html
・日本方言研究会編（2005）「付録　言語地図目録」『20世紀方言研究の軌跡』国書刊行会　に掲載されている文献。
・調査項目の多くが、『日本言語地図』、『方言文法全国地図』のものと重なる文献。

(3) 各文献・各論文の中に、部分的に提示されている調査票や、調査項目の部分的な列記などは、原則としてここでは取り上げなかった。
　しかし、調査研究を進めていく中で、必要な先行研究を随時参照し、参考にしながら、調査票をよりよいものに作り上げていく作業が必要であることはいうまでもない。調査票は、調査をしながら同時に作られるものでもある。関連する論文や資料を見るときにはこのことを忘れず、常に注意を払うことが必要である。ここに挙げた以外のものにも、広く目をむけていただきたい。

2. 調査票リスト

【凡例】
(1) 構成
　全体を調査研究の方法論別に、記述方言学、方言地理学、社会方言学、総合の4つに分類して示した。それぞれの中は発行年順に配列した。
(2) 情報
　各調査票についての情報は、次のように示した。
▼編著者名(刊行年)『調査票名または所収の文献名』発行所
　　分野：調査で扱っている分野を、音韻、アクセント、語彙、文法、表現、
　　　　　言語行動、言語意識などの区別で示した。
　　地域：その調査票が対象とする地域を示した。
　　・必要に応じコメントを付した。
　◎関連するサイトの情報を示した。なお、サイト情報は更新による内容改変や URL の変更もありうるものである。ここに示したサイトに行き着かない場合は、関連するキーワードで検索するなどの対処を講じていただきたい。

2.1. 記述方言学

▼九学会連合奄美大島調査委員会(1955)『言語年代学的調査調査票』九学会連合奄美大島調査委員会
　　分野：音韻、アクセント、語彙、文法　　地域：鹿児島県奄美大島
▼東北大学文学部編(1958)『東北方言実地調査票(文法の部)』東北大学文学部
　　分野：文法　　地域：東北地方
▼西宮一民編(1959)『近畿方言調査簿　改訂版』近畿方言学会(初版1957年)
　　分野：音韻、アクセント、語彙、文法　　地域：近畿地方
▼東北大学文学部編(1962)『東北方言音韻調査票・付：音韻調査語例索引』東北大学文学部

分野：音韻　　地域：東北地方
▼今石元久・佐藤和之・三輪譲二・吉田則夫・大橋勝男・加藤正信(1984)『日本語方言音声のスペクトル分析資料集』文部省科学研究費補助金特定研究「情報化社会における言語の標準化」資料集　昭和59年度総括班
　　　分野：音韻　　地域：全国
・「音声調査票―日本方言音声スペクトル分析用―」を収載。なお、この調査票は以下のサイトで公開されている。
　　◎岩手大学工学部情報システム工学科 SP ホームページ
　　http://sp.cis.iwate-u.ac.jp/
　　→三輪譲二→日本語音声の音響分析→音声調査票
　　http://sp.cis.iwate-u.ac.jp/sp/jp/chosa.html
▼浮田章一・安保博史・高桑佳與子編著(1987)『方言調査の一側面』教育出版
　　　分野：語彙、文法、表現（あいさつ）　　地域：全国
・女子聖学院短期大学の浮田章一ゼミで1974年～1986年に実施した方言調査の報告。毎回の調査終了後に私家版で発刊していた調査報告書の集成で、1回の方言調査報告が1章にまとめられている。各章の「言語調査報告」節の「質問内容」に、各調査の調査項目が提示されている。
▼杉藤美代子(研究代表者)(1990)『全国共通項目調査票(1)調査者用　改訂版』
　　　分野：音韻、アクセント　　地域：全国
・1989～1992年に行われた、文部省重点領域研究「日本語音声における韻律的特徴の実態とその教育に関する総合的研究」（略称『日本語音声』）で使用された。
▼杉藤美代子(研究代表者)(1990)『全国共通項目調査票(2)インフォーマント用　改訂版』
　　　分野：音韻、アクセント　　地域：全国
・1989～1992年に行われた、文部省重点領域研究「日本語音声における韻律的特徴の実態とその教育に関する総合的研究」（略称『日本語音声』）

で使用された。
▼國學院大學日本文化研究所編(1991)『四つ仮名方言の動態と意識―高知県中村市・安芸市の数量調査―黒潮文化圏の言語研究』國學院大學日本文化研究所

　　分野：音韻、言語意識　　地域：高知県中村市、安芸市
▼佐藤和之編(1991)『東日本の音声―調査票編―』文部省重点領域研究「日本語音声における韻律的特徴の実態とその教育に関する総合的研究」(略称『日本語音声』)(A2班)「日本語音声における韻律的特徴：東日本における音声の収集と研究」研究成果報告書(課題番号 03208102)

　　分野：音韻、アクセント

　　地域：札幌市、弘前市、仙台市、新潟市、名古屋市
▼大西拓一郎(1992)『方言用言活用体系調査票A』私家版

　　分野：文法　　地域：全国
▼大西拓一郎(1992)『方言用言活用体系調査票B』私家版

　　分野：文法　　地域：全国
▼方言研究ゼミナール幹事会編(1992)『方言資料叢刊2　身体感覚を表すオノマトペ』広島大学教育学部国語教育学研究室方言研究ゼミナール

　　分野：語彙、表現　　地域：全国
▼大西拓一郎(1993)『方言活用体系調査票C-1』私家版(平成5年度文部省科学研究費奨励研究(A)「方言における用言の活用の記述的研究」(課題番号 05710260))

　　分野：文法　　地域：全国
▼大西拓一郎(1993)『方言活用体系調査票C-2』私家版(平成5年度文部省科学研究費奨励研究(A)「方言における用言の活用の記述的研究」(課題番号 05710260))

　　分野：文法　　地域：全国
▼方言研究ゼミナール幹事会編(1993)『方言資料叢刊3　方言比喩語の研究』広島大学教育学部国語教育学研究室方言研究ゼミナール

　　分野：語彙　　地域：全国

▼大西拓一郎(1994)『方言活用体系調査票D』私家版(平成5年度文部省科学研究費奨励研究(A)「方言における用言の活用の記述的研究」(課題番号05710260))
　　分野:文法　　地域:全国
▼方言研究ゼミナール幹事会編(1994)『方言資料叢刊4　方言アスペクトの研究』広島大学教育学部国語教育学研究室方言研究ゼミナール
　　分野:文法　　地域:全国
▼寺島浩子(1995)「京都町家におけるあいさつ表現―年代差に着目して―」徳川宗賢・真田信治編『関西方言の社会言語学』世界思想社
　　分野:文法、表現(あいさつ)　　地域:京都市
▼方言研究ゼミナール幹事会編(1995)『方言資料叢刊5　日本語方言の否定の表現』広島大学教育学部国語教育学研究室方言研究ゼミナール
　　分野:文法　　地域:全国
▼九州方言研究会事務局編(1996)「九州方言広域調査項目案」九州方言研究会事務局編『九州方言研究会報告書』九州方言研究会
　　分野:音韻、アクセント、語彙、文法、言語意識　　地域:九州地方
▼田中宣廣編(1999)『簡明日本語方言―音韻・アクセント簡易内省調査票付―第3版』岩手県立大学宮古短期大学部日本語科学研究室
　　分野:音韻、アクセント　　地域:岩手県、東北地方
　　・「(岩手県)方言音韻簡易内省記述票」と「東北地方方言アクセント簡易内省調査票」が収載されている。
▼田原広史・村中淑子(1999)『東大阪市における方言の世代差の実態に関する調査研究』(平成9・10年度東大阪市地域研究助成金研究成果報告書)大阪樟蔭女子大学日本語研究センター
　　分野:アクセント　　地域:大阪府東大阪市
▼方言研究ゼミナール編(2000)『方言資料叢刊8　日本語方言副助詞の研究』広島大学教育学部国語文化教育学研究室方言研究ゼミナール
　　分野:文法　　地域:全国
▼真田信治編(2001)『方言文法調査項目リスト―天草篇―』(文部科学省特定

領域研究(A)「環太平洋の「消滅に瀕した言語」にかんする緊急調査研究」(略称ELPR(エルパー；Endangered Languages of the Pacific Rim))「環太平洋の言語」成果報告書A4-003)

　　分野：文法　　地域：九州地方、特に熊本県

▼大西拓一郎編(2002)『方言文法調査ガイドブック』科学研究費基盤研究(B)(2)「文法体系のバリエーションに関する対照方言学的研究」(1998-2001年度、課題番号10410097)研究成果報告書

　　分野：文法　　地域：全国

・本書の内容は、以下のサイトでPDFファイルとして見ることができ、またデータの一部はダウンロードできる。

　◎大西拓一郎「方言の宇宙　Dialectological Cosmos」

　　http://www2.kokken.go.jp/~takoni/index_j.htm

　　→方言文法調査ガイドブック

　　http://www2.kokken.go.jp/~takoni/DGG/DGG_index.htm

▼真田信治編(2002)『方言文法調査項目リスト―由利篇―』(文部科学省特定領域研究(A)「環太平洋の「消滅に瀕した言語」にかんする緊急調査研究」(略称ELPR(エルパー；Endangered Languages of the Pacific Rim))「環太平洋の言語」成果報告書A4-008)

　　分野：文法　　地域：秋田県由利地方

▼田原広史・村中淑子(2002)『東大阪市における方言の世代差の実態に関する調査研究2―待遇表現―』(平成9・10年度東大阪市地域研究助成金研究成果報告書2)田原広史・村中淑子

　　分野：文法　　地域：大阪府東大阪市

▼九州方言研究会編(2004)『西日本方言の可能表現に関する調査報告書』九州方言研究会

　　分野：文法　　地域：調査は主に西日本(全国に対応可能)

▼工藤真由美編(2004)『日本語のアスペクト・テンス・ムード体系―標準語研究を超えて―』ひつじ書房

　　分野：文法　　地域：全国

・アスペクト・テンス・ムードの文法構造を中心テーマに行った共同調査研究の成果報告。付録のCD-ROMに、使用されたマイクロソフトエクセルファイル形式の調査票が収録されている。

▼舩木礼子・佐竹久仁子(2004)「静岡県中川根方言の推量・意志・勧誘表現」真田信治編『静岡・中川根方言の記述』(大阪大学大学院文学研究科日本語学研究室逐次刊行物) 大阪大学大学院文学研究科真田研究室

  分野：文法 地域：静岡県中川根町

・参考資料として「共通調査票」、「項目担当者用調査票」、「追加調査票」が提示されている。

▼大西拓一郎編(2006)『方言文法調査ガイドブック2』科学研究費基盤研究(B)「方言における文法形式の成立と変化の過程に関する研究」(2002-2005年度、課題番号14310196) 研究成果報告書

  分野：文法 地域：全国

・大西拓一郎編(2002)『方言文法調査ガイドブック』の続編。

▼上野善道「アクセント調査票」私家版

  分野：アクセント 地域：全国

・調査票には「A」、「B」、「C」、「D'」の4つがある。いずれも、作成年の記載はなし。

2.2. 方言地理学

「1. はじめに」の、選定方針(2)で述べたように、方言地理学分野の調査票については紙幅の都合上多くを割愛している。ここに挙げたもの以外については、選定方針(2)で掲げた各種方言地図目録を随時参照していただきたい。

▼国立国語研究所編(1966)『日本言語地図解説―方法―』(国立国語研究所報告30-1(付録A)) 大蔵省印刷局(1981年に縮刷版発行)

  分野：音韻、語彙、文法 地域：全国

・『日本言語地図』(Linguistics Atlas of Japan、略称LAJ)第1集の解説の1

冊。この「付録 2. 調査票　その他」には、フェイスシート、総数 285 にわたる調査項目（「第 1 調査票」から「第 4 調査票」）、調査の際に示す「付図」、調査の「手引き」が収載されている。

同書は『日本言語地図』作成について、目的、方法から調査の実際、資料整理方法や研究計画全体の経過も記しており、方言調査とその成果公開というものの実態を知るうえで大変参考になる。調査票のみならずこの冊子全体に目を通してほしい。

なお、『日本言語地図』の地図目次が、以下のサイトで公開されている。

◎国立国語研究所「方言研究の部屋」

http://www2.kokken.go.jp/henka1/index.html

→研究成果→研究成果の概要→『日本言語地図』目次

http://www2.kokken.go.jp/henka1/outline/laj/laj_index.html

▼小林隆（1988）「通信調査法の再評価」国立国語研究所『方言研究法の探索』（国立国語研究所報告 93）秀英出版

　分野：アクセント、語彙、文法　　地域：調査は岡山県（全国に対応可能）

・冊子形式および往復はがきを用いた通信調査用調査票が示されている。

▼国立国語研究所編（1989）『方言文法全国地図解説 1　付　資料一覧』（国立国語研究所報告 97-1（別冊））大蔵省印刷局

　分野：文法　　地域：全国

・『方言文法全国地図』（Grammar Atlas of Japanese Dialects、略称 GAJ）第 1 集解説の「付録 5. 調査票　調査項目一覧」には、以下が収載されている。

方言文法の全国調査のための準備調査票、表現法の全国調査のための準備調査票、方言文法の全国調査第 1 調査票（本調査）、方言文法の全国調査第 2 調査票（本調査）、調査票付図（本調査）。

同書は『方言文法全国地図』作成について、研究の目的、経過、調査の方法、編集の方法も詳細に記しており、方言調査とその成果公開というものの実態を知るうえで非常に参考になる。調査票のみならずこの冊子全体に目を通してほしいことは『日本言語地図』と同様である。

なお、『方言文法全国地図』の地図目次とサンプル地図が、以下のサイトで公開されている。
◎国立国語研究所「方言研究の部屋」
http://www2.kokken.go.jp/henka1/index.html
→研究成果→研究成果の概要→『方言文法全国地図』(サンプル地図・目次)
http://www2.kokken.go.jp/henka1/outline/gaj/gaj_index.html

▼都染直也編(2002)『兵庫県下グロットグラム集Ⅰ　JR沿線篇(1)』(甲南大学方言研究会叢書8)甲南大学方言研究会
　　分野：アクセント、語彙、文法、言語意識　　地域：兵庫県、大阪府
・『甲南大学方言研究会叢書』は、甲南大学方言研究会のシリーズ刊行の調査報告書。各巻に、調査で使用した調査項目・調査票が提示されており、共通する調査項目もある。各巻に既刊リストが掲載されているので、2001年以前の刊行物はそれを参照のこと。

▼小林隆・篠崎晃一編(2003)『消滅の危機に瀕する全国方言語彙資料』(文部科学省特定領域研究(A)「環太平洋の「消滅に瀕した言語」にかんする緊急調査研究」(略称 ELPR(エルパー；Endangered Languages of the Pacific Rim))「環太平洋の言語」成果報告書 A4-021)
　　分野：語彙、文法　　地域：全国
・調査に使用した「第1調査票」～「第6調査票」を提示。なお、この調査票は以下のサイトで公開されている。
◎東北大学方言研究センター
http://www.sal.tohoku.ac.jp/hougen/index.html
→研究活動→消滅する方言語彙の緊急調査研究
http://www.sal.tohoku.ac.jp/hougen/k_kinkyu.html#top

▼都染直也編(2003)『JR山陰本線鳥取―和田山間グロットグラム集』(甲南大学方言研究会報告13(兵庫県方言の研究13・鳥取県方言の研究1))甲南大学方言研究会
　　分野：音韻、語彙、文法、言語意識　　地域：兵庫県、鳥取県

・『甲南大学方言研究会報告』は、『甲南大学方言研究会叢書』と並ぶ、甲南大学方言研究会のシリーズ刊行の調査報告書である。各巻に、調査で使用した調査項目、調査票が提示されており、共通する調査項目もある。各巻に既刊リストが掲載されているので、2002年以前の刊行物はそれを参照のこと。

なお、甲南大学方言研究会のシリーズ刊行物の一部は以下のサイトで見ることができる。

◎甲南大学　都染研究室
http://www010.upp.so-net.ne.jp/tsuzome/
→甲南大学方言研究会
http://www010.upp.so-net.ne.jp/tsuzome/hoogenkenkyuukai.htm

2.3. 社会方言学

▼国広哲弥・中本正智(1984)『東京語のゆれ調査報告』文部省科学研究費補助金特定研究「情報化社会における言語の標準化」昭和59年度総括班
　　分野：語彙　　地域：東京都

▼佐藤和之編(1993)『方言主流社会の方言と標準語―棲み分けから共生へ―』弘前大学人文学部国語学研究室
　　分野：言語意識　　地域：青森県津軽地方

・調査票は属性差ごとに以下が提示されている。
「津軽弁に対する意識調査票」の津軽方言話者用、教育関係者用、マスコミ関係者用、県人会話者用、津軽在住他方言話者用。
「東北方言に対する意識調査票」の東京方言話者用。

▼陣内正敬(1993)『地方中核都市方言調査報告―福岡市・北九州市―』九州大学言語文化部日本語科
　　分野：音韻、語彙、文法　　地域：福岡県福岡市、北九州市

▼大野眞男・外間美奈子(1995)『ウチナーグチ(沖縄方言)に対する意識調査報告書―変わりゆくウチナーグチ意識・外からみたウチナーグチ―』岩手大学教育学部国語学研究室

分野：言語意識　　　地域：沖縄県
▼加藤正信編(1995)『福島県相馬地方における方言の共通語化の実態とその社会的心理的背景』科学研究費補助金一般研究(B)「東北地方における方言の共通語化と属性・場面・個性との相関関係の研究」(1993-1994年度、課題番号05451077)研究成果報告書
　　　分野：音声、アクセント、語彙、文法、言語意識
　　　地域：福島県相馬地方
▼月刊言語編集部編(1995)『変容する日本の方言』(月刊言語95・11別冊、第24巻第12号通巻289号)大修館書店
　　　分野：言語意識　　　地域：全国
　　・全国14地点(札幌、弘前、仙台、東京、千葉、金沢、松本、大垣、京都、広島、高知、福岡、鹿児島、那覇)で行った言語意識調査の研究報告。巻末に資料として、弘前調査で用いた調査票が提示されている。
▼陣内正敬(2003)「関西的コミュニケーションの広がり―首都圏では―」研究代表者 陣内正敬『コミュニケーションの地域性と関西方言の影響力についての広域的研究』平成12年度 - 平成14年度科学研究費補助金(基盤研究(B)(1))研究成果報告
　　　分野：語彙、言語行動、言語意識
　　　地域：調査は首都圏(全国に対応可能)
▼陣内正敬(2003)『コミュニケーションの地域性と関西方言の影響力についての広域的研究 No.2：調査結果資料集』平成12年度 - 平成14年度科学研究費補助金(基盤研究(B)(1))研究成果報告
　　　分野：語彙、言語行動、言語意識
　　　地域：調査は首都圏、福島市、名古屋市、大阪市、広島市、高知市(全国に対応可能)
▼井上史雄(2005)『鶴岡市山添地区の共通語化と新方言』科学研究費基盤研究(C1)「日本海新方言の地理的社会的動態の研究」(2003-2005年度、課題番号15520283)研究成果報告書
　　　分野：音韻、語彙、文法　　　地域：山形県鶴岡市

▼太田一郎(2005)『都市内部の言語変異勢力と話者勢力の分布に基づく都市方言研究法の開発』平成 14-16 年度科学研究費補助金萌芽研究(課題番号 14651092)研究成果報告書
　　分野：語彙、文法、言語意識　　地域：鹿児島県
▼国立国語研究所編(2006)『方言使用の場面的多様性―鶴岡市における場面差調査から―』国立国語研究所
　　分野：音韻、語彙、文法　　地域：山形県鶴岡市

2.4. 総合

ここでは、研究方法が複数にわたる総合的調査研究の調査票、および所収の文献を挙げる。以下、凡例に「方法」を加えて次のように提示する。

【凡例】
▼編著者名(刊行年)『調査票名または所収の文献名』発行所
　　方法：記述方言学、方言地理学、社会方言学など、方法論を示した。
　　分野：調査で扱っている分野を、音韻、アクセント、語彙、文法、表現、
　　　　　言語行動、言語意識などの区別で示した。
　　地域：その調査票が対象とする地域を示した。
　・必要に応じコメントを付した。

▼国立国語研究所編(1950)『八丈島の言語調査』国立国語研究所
　　方法：記述方言学、社会方言学　　分野：音韻、語彙、文法
　　地域：東京都八丈島
▼九学会連合下北調査委員会言語学 B 班編(1963-1964)『下北地方の言語地理学的調査』九学会連合下北調査委員会
　　方法：記述方言学、方言地理学
　　分野：音韻、アクセント、語彙、文法　　地域：青森県下北地方
　・調査票は 1963 年版と 1964 年版の 2 種類がある。
▼井上史雄・荻野綱男(1984)『新しい日本語・資料図集』文部省科学研究費補助金特定研究「情報化社会における言語の標準化」資料集　昭和 59 年

度総括班
　　方法：方言地理学、社会方言学　　分野：語彙、文法
　　地域：全国、東京
・実施した調査ごとに、以下の調査票が提示されている。「全国中学校アンケート第1回（新しいことばアンケート用紙）」、「全国中学校アンケート第2回（新しい言葉アンケート'83）」、「東京8地点面接調査（東京のことばアンケート）」。
▼国立国語研究所（1985）『方言研究の諸相』（国立国語研究所報告84）三省堂
　　方法：記述方言学、方言地理学、社会方言学
　　分野：アクセント、語彙、文法　　地域：全国
・『日本言語地図』作成に関する8つの検証調査報告が収載されており、それぞれに調査項目・調査票が提示されている。
▼大島一郎編（1987）『八丈島方言における言語変化―共通語化の側面を中心として―』東京都立大学人文学部国語学研究室
　　方法：記述方言学、社会方言学　　分野：音韻、語彙、文法
　　地域：東京都八丈島
▼九州方言学会編（1991）『九州方言の基礎的研究　改訂版』風間書房（初版1969年）
　　方法：記述方言学、方言地理学
　　分野：音韻、アクセント、語彙、文法　　地域：九州地方
▼方言研究ゼミナール幹事団編（1991）『方言資料叢刊1　祝言のあいさつ』広島大学教育学部国語教育学研究室方言研究ゼミナール
　　方法：記述方言学、社会方言学　　分野：表現（あいさつ）、言語行動
　　地域：全国
▼徳川宗賢（1993）『方言地理学の展開』ひつじ書房
　　方法：方言地理学、社会方言学
　　分野：音韻、アクセント、語彙、文法
　　地域：新潟県糸魚川市（第3部第5章）、全国（第4部第5章）
・第3部第5章「地域差と年齢差」（初出1985年）、第4部第5章「こと

ばづかいの風土性」(初出 1985 年)に調査票が提示されている。
▼江端義夫編(1996)『全国あいさつ表現資料』(小・中学校話し言葉「国語Ⅰ・Ⅱ」「現代語」「国語表現」参考資料 方言研究報告)広島大学教育学部国語教育研究室
　　　方法：記述方言学、社会方言学　　分野：表現(あいさつ)、言語行動
　　　地域：全国
▼木部暢子編(1996)『鹿児島市とその周辺地域における地域共通語の実態とその教育に関する研究』平成 6 年度 - 平成 8 年度文部省科学研究費補助金(基盤研究(B)(2))研究成果報告書
　　　方法：記述方言学、社会方言学
　　　分野：アクセント、語彙、文法、言語意識　　地域：鹿児島県
▼方言研究ゼミナール編(1996)『方言資料叢刊 6　方言助数詞の研究』広島大学教育学部国語教育学研究室方言研究ゼミナール
　　　方法：記述方言学、社会方言学　　分野：語彙、文法　　地域：全国
▼国立国語研究所(1997)『北海道における共通語化と言語生活の実態(中間報告)』国立国語研究所
　　　方法：記述方言学、社会方言学
　　　分野：音韻、アクセント、語彙、文法、言語行動、言語意識
　　　地域：北海道
▼方言研究ゼミナール編(1997)『方言資料叢刊 7　方言の待遇表現』広島大学教育学部国語教育学研究室方言研究ゼミナール
　　　方法：記述方言学、社会方言学　　分野：文法　　地域：全国
▼江端義夫編(2000)『全国あいさつ行動資料』(「国語総合」参考資料、「国語表現」参考資料、「総合学習」参考資料 方言研究報告)広島大学教育学部国語文化教育学研究室
　　　方法：記述方言学、社会方言学　　分野：表現(あいさつ)、言語行動
　　　地域：全国
　・江端義夫編(1996)『全国あいさつ表現資料』と同じ調査票を用いての調査報告。

▼小林隆編(2003)『宮城県石巻市方言の研究』東北大学国語学研究室
　　方法：記述方言学、方言地理学
　　分野：音韻、アクセント、語彙、文法　　地域：宮城県石巻市
▼方言研究ゼミナール編(2006)『方言資料叢刊9　日本語方言立ち上げ詞の研究』広島大学大学院教育学研究科　江端義夫研究室方言研究ゼミナール
　　方法：記述方言学、社会方言学　　分野：文法、表現　　地域：全国

3.　調査項目設定の参考資料

　直接に「調査票」という形式を呈してはいないが、実際に調査票を作る際の「調査項目」の選定に役立つと思われるものを、以下に挙げる。

3.1.　記述方言学：アクセント調査
▼「アクセント類別語彙表」
・過去の文献と、現代諸方言とを合わせて考察し、古い日本語において同じアクセントを持っていたと推定されるものを「類」としてまとめたもの。金田一春彦(1937)で、平安時代末の文献「類聚名義抄」と現代諸方言のアクセント資料の分析をもとに、二拍名詞を五類に分けた。以来、金田一他の研究により、一音節名詞・二音節名詞・三音節名詞、二音節動詞・三音節動詞、二音節形容詞・三音節形容詞の語彙表が作成された。
　金田一春彦(1974)に詳細な記述がある。また、金田一春彦(1980)は、わかりやすく表形式にまとめて示している。
　金田一春彦(1937)「現代諸方言の比較から観た平安朝アクセント」『方言』7-6　春陽堂
　金田一春彦(1974)『国語アクセントの史的研究　原理と方法』塙書房
　金田一春彦(1980)「国語アクセント類別語彙表」国語学会編『国語学大辞典』東京堂出版　pp7-10

3.2. 記述方言学：語彙調査・文法調査

▼民俗學研究所編(1970)『改訂　綜合日本民俗語彙』平凡社(初版1955-1956)
　・民俗語彙辞典として、一般辞書よりも詳しい記述になっている。

▼尚学図書編(1989)『日本方言大辞典』小学館
　・別巻索引の見出しが、調査項目選定時の参考になろう。

▼平山輝男ほか編(1992-1994)『現代日本語方言大辞典』明治書院
　・第1巻の総論編第三章「全国方言基礎語彙調査項目　付　項目索引」が、調査項目選定時の参考になろう。

▼江端義夫・加藤正信・本堂寛編(1998)『最新ひと目でわかる　全国方言一覧辞典』学習研究社
　・項目について、47都道府県の代表1地点(沖縄県は2地点)の方言形が表形式で示されている。

▼宮良當壯著・加治工真市編集(2003)『宮良當壯全集5　日本方言語彙編(5)索引(A～J)』第一書房
　・「Ⅰ．項目索引」が、調査項目選定時の参考になろう。

▼佐藤亮一監修・小学館辞典編集部編集(2004)『標準語引き日本方言辞典』小学館
　・尚学図書編(1989)『日本方言大辞典』の、標準語引き版といえる辞典。それぞれの標準語にあたる方言形とその分布地域がわかる。

3.3. 方言地理学調査

▼小林隆・白沢宏枝(2002)「方言地図項目一覧―主要語彙項目―」馬瀬良雄監修『方言地理学の課題』明治書院
　・方言地図の項目の一覧で、どのような項目がどの地図集に収められているかがわかる。ある項目について調査文を作りたいという場合など、その項目のある地図集にあたることができる。

▼日本方言研究会編(2005)「付録　言語地図目録」『20世紀方言研究の軌跡』国書刊行会

- 言語地図の目録。実際の言語地図(集)を見ることによって、それぞれの調査項目がわかる。この目録では、雑誌論文と地方史誌に掲載された言語地図をリストにしている。

単行本所収の言語地図の目録は下記のサイトで公開されており、同書には収載されていない。

◎日本方言研究会

http://www.soc.nii.ac.jp/cdj/index.html

→言語地図目録→単行本→言語地図目録(単行本)

http://www.soc.nii.ac.jp/cdj/la_book.html

4. 学史的に参考となる調査票

　学史的に参考となる、代表的な調査票を以下に挙げる。現時点での方言調査研究の水準や関心からは幾分それる内容・体裁を持つ面もあるが、方言調査の歴史を知るうえで参考になるものである。

▼国語調査委員会編(1904)『方言採集簿』日本書籍

▼国語調査委員会編纂(1905)『音韻調査報告書』日本書籍(1986年に国書刊行会より復刻)

▼国語調査委員会編纂(1906)『口語法調査報告書』国定教科書共同販売所(1986年に国書刊行会より復刻)

▼東条操編(1928)『方言採集手帖』郷土研究社

▼東条操編(1931)『簡約方言手帖』郷土研究社

▼小林好日(1940頃)『東北方言調査票』私家版

- 調査票の一部が下記のサイトで公開されている。

◎東北大学方言研究センター

http://www.sal.tohoku.ac.jp/hougen/index.html

→研究活動→昭和初期東北方言調査資料のデータベース化

http://www.sal.tohoku.ac.jp/hougen/k_database.html

▼東条操・金田一春彦(1950)『方言採集手帳』刀江書院

索 引

あ

- あいさつ ……………………………… 129
- 挨拶状 …………………………………… 69
- 挨拶文 …………………………………… 65
- アクセント …………………………… 151
- アクセントの調査 ……………………… 38
- アクセントの調査項目 ………………… 38
- 字 ………………………………………… 75
- 圧縮 …………………………………… 154
- アナログ式 …………………………… 153
- アンケート調査 ……………… 25, 27, 28
- アンケート調査票 ……………………… 49
- 案内板・掲示 ………………………… 132

い

- イメージの調査 ………………………… 41
- 依頼状 …………………………………… 80
- インターネットを利用した調査 ……… 31
- イントネーション …………………… 151
- イントネーション調査 ………………… 39
- インフォーマント ……… 6, 18, 19, 26, 27, 32, 49, 58, 69, 73, 74, 75, 76, 77, 78, 79, 82, 85, 120, 122, 132, 133, 134, 135, 136, 137, 160, 169, 170, 174, 176, 177, 178, 181
- インフォーマント一覧 ……………… 123
- インフォーマントの人数 ……………… 28

う

- 受付 …………………………………… 132

え

- 絵 ………………………………… 68, 175

お

- 往復通信調査 …………………………… 28
- お茶 …………………………………… 133
- 「音韻総覧」 ……………………………… 8
- 音韻の調査 ……………………………… 37
- 音声記号 ……………………………… 144
- 音声資料 ……………………………… 165

か

- 回答記録用紙 ………………………… 162
- ガ行音 ………………………………… 147
- 確認（誘導）式 …………………… 24, 35
- 仮説 ……………………………… 14, 15, 28
- かな表記 ……………………………… 147
- 観察法 …………………………………… 48
- 簡略表記 ………………………… 145, 146

き

- 機材セット …………………………… 112
- 記述的調査 ……………………………… 76
- 記述方言学 ……………………………… 43
- 記入上の注意事項 ……………………… 63
- 共通語翻訳式 ……………………… 24, 32
- 協力機関 ………………………… 86, 128
- 協力謝礼金（謝金） …………………… 91
- 居住歴 …………………………………… 74
- 記録 …………………………………… 165
- 記録の環境 …………………………… 159
- 記録方法 ……………………………… 143

く

- グロットグラム調査 …………………… 77

け

- 結果の見通し ……… 12
- 結論の見通し ……… 28
- 研究テーマ ……… 5
- 研究補助金 ……… 97
- 言語意識の調査 ……… 41
- 言語形成期 ……… 74
- 言語経歴 ……… 173
- 言語行動の調査 ……… 42
- 言語生活の調査 ……… 42
- 『現代日本語方言大辞典』……… 8
- 現地の情報 ……… 85

こ

- 語彙の調査 ……… 39
- 交通案内 ……… 120
- 交通手段 ……… 127
- 公的機関への依頼 ……… 80
- 項目数 ……… 61, 62
- 項目の配列 ……… 62
- コーディング ……… 55
- 「国語学研究文献検索」……… 8
- 「国語学研究文献目録データベース」……… 8
- 『国語年鑑』……… 8
- 個人情報 ……… 41, 88, 122, 137, 172
- 個人情報保護 ……… 60

さ

- 再調査 ……… 188
- 撮影 ……… 133
- 雑談 ……… 163, 171
- 座の配置 ……… 171
- 参加者 ……… 103
- 参考語形 ……… 57
- サンプリング周波数 ……… 153
- サンプリング（サンプル）調査 ……… 36, 77, 79

し

- 子音 ……… 145, 146, 148
- 自記式（自計式）調査票 ……… 49, 57, 62, 63, 65, 67
- 自記式（自計式）調査票 ……… 57, 62, 63, 65, 67
- 自記（自計）式 ……… 27
- 指示的（形式的）調査 ……… 52
- 指示的調査 ……… 57
- 自然会話調査 ……… 163
- 自然会話方式 ……… 162
- 自然観察調査 ……… 30
- 質問調査 ……… 163
- 質問調査方式 ……… 161
- 質問の誤解 ……… 175
- 質問票 ……… 28, 162
- 質問文 ……… 50
- 質問法 ……… 48
- 質問方式 ……… 24
- 社会的還元 ……… 19
- 社会方言学 ……… 45
- 社会方言学的調査 ……… 77
- 写真 ……… 68, 175
- 謝礼品 ……… 90, 91
- 自由回答形式 ……… 55
- 自由記述欄 ……… 66
- 住民基本台帳 ……… 80
- 集落 ……… 75
- 宿泊施設 ……… 86
- 「主要方言地図目録」……… 9
- 順位付け方式 ……… 34
- 準備調査 ……… 15, 73
- 傷害保険 ……… 95
- 承諾書 ……… 88
- 小鼻音 ……… 148
- 情報収集 ……… 128
- 『消滅の危機に瀕する全国方言語彙資料』……… 9
- 助成金 ……… 97
- しらみつぶし調査 ……… 76
- 信頼関係 ……… 16, 17, 26, 27, 170, 174

す

- スケジュール調整 ……… 136
- ストレス（強勢）……… 150

せ

性差	78
性別	75
声門破裂音	150
世代	77
世代差	78
狭口母音	150
先行研究	7
『全国方言資料』	9
全数調査	36
選択肢	54, 65
選択式	24, 33
選択肢の設定	34
選択肢リスト	69
先入観	66

そ

総称	44, 175

た

タイピン型マイク	156
他記式（他計式）調査票	49, 50, 57, 61, 63, 65, 66
他記式調査票	50, 57, 61, 63, 65, 66
他記（他計）式	27
択一方式	34
ダブルバーレル質問	53
単一指向性マイク	156
単一選択	55

ち

知覚（perception）調査	35
注記の略記号	63
長音	147
調査員	44
調査員の訓練	93
調査会場	82, 85, 107, 108, 110, 131
調査会場固定型	107, 108, 115, 117, 120
調査会場点在型	107, 110, 117
調査会場の見取り図	119

調査会場の割り当て表	110
調査会場までの交通案内・時刻表	121
調査期間	72
調査経費	95
調査結果の整理	138
調査項目	50, 178
調査時間	61, 73
調査時期	72
調査時の注記	161
調査者スケジュール表	110
調査スケジュール	104
調査セット	112
調査地概要・周辺地図	118
調査地点	77, 173
調査地点固定型	122
調査動機	137
調査道具	87, 93, 112, 126, 130
調査道具リスト	111
「調査」と「研究」	3
調査日程	72
調査の概要	103, 115
調査の構想	7, 10, 14
調査の実現性	13
調査の準備	93
調査の組織	92
調査の手引き	101, 102, 103, 122
調査の流れと注意点	116
調査の不備	188
調査の有効性	12, 13
調査班の構成	104
調査票	27, 48, 49, 130, 162, 183, 189
調査方法	24, 137
調査本部	129

つ

通信（郵便）調査	28, 29

て

データの管理	41
テープ	27, 88
テープレコーダー	155

索引

提示用リスト ················· 68
デジタル式 ··················· 153
手みやげ ······················· 91
電子メールを利用した調査 ······ 30
電話を利用した調査 ············ 30

と

同席者 ························· 176
督促状 ························· 140
飛び込み式 ···················· 79
留め置き調査 ·················· 28
トラブル ······················ 135

な

内省調査 ······················ 29
なぞなぞ式 ············ 24, 32, 175

に

『20世紀方言研究の軌跡』 ······· 8
『日本言語地図』 ··············· 9
日本方言研究会 ················ 20
『日本方言大辞典』 ············· 8
『日本列島方言叢書』 ··········· 8
人間配置 ····················· 160

は

生え抜き ···················· 74, 75

ひ

比較方言学 ··················· 44
筆録 ·························· 157
ビデオカメラ ················· 158
鼻母音 ······················· 150
表紙 ·························· 63
広口母音 ····················· 150

ふ

ファイリング ················· 183
フェイス項目 ·················· 58
フェイスシート ······ 18, 58, 60, 172, 181
複数選択 ····················· 55

複数選択方式 ·················· 34
服装 ······················ 126, 169
プライバシー ·········· 18, 41, 159
プリコード（pre-code）形式 ·· 55, 57
『ふるさと日本のことば集成』 ···· 9
文法の調査 ···················· 40

へ

併用回答 ···················· 39, 40
返信用封筒 ···················· 69

ほ

母音 ······················ 145, 149
『方言資料叢刊』 ················ 8
『方言談話資料』 ················ 9
「方言地図項目一覧—主要語彙項目—」 ·· 9
方言地理学 ···················· 44
方言地理学的調査 ·············· 76
『方言文法全国地図』 ············ 9
報告書 ················· 20, 92, 140
補助記号 ····················· 150
本調査 ························ 15

ま

マイク ······················· 172

み

ミーティング ·········· 93, 130, 138
身分証明書 ···················· 88

む

無作為抽出（ランダム・サンプリング） ··· 36
無指向性マイク ··············· 156
無声化音 ····················· 150

め

面接調査 ···················· 25, 26

も

文字リスト ···················· 68

ゆ

有意抽出 …………………………… 36

よ

用紙のサイズ ……………………… 66
予備調査 …………………………… 69
読み上げ式 ……………………… 24, 33

ら

ランダム・サンプリング ……………… 75, 79

り

リニアPCM（リニアピーシーエム）… 154

る

類別語彙 …………………………… 38

れ

礼状 ………………… 92, 139, 140, 179

ろ

録音 …………………………… 157, 172

録音機 ……………………………… 94, 113
録音機材 …………………… 115, 131, 155
録音機材の簡易マニュアル ………… 113
録音テープ ………………… 181, 182, 186
録音方式 …………………………… 153
録音マイク ………………………… 155
録画 ………………………………… 158
録画機材 …………………………… 132

わ

分かち書き ………………………… 152
ワーディング …………………… 52, 54

A-Z

DAT（Digital Audio Tape）………… 154, 155
ICレコーダー（IC recorder）………… 155
ID情報 ……………………………… 63
IPA ………………………… 144, 145, 164
MD（Mini Disc）…………………… 155
SD法 …………………………… 34, 41

ガイドブック方言調査

発行	2007年11月14日 初版1刷
定価	1800円＋税
編者	小林　隆・篠崎晃一
発行者	松本　功
装丁	八木陽子（ae）
印刷・製本	株式会社シナノ
発行所	株式会社 ひつじ書房

〒112-0011 東京都文京区千石2-1-2 大和ビル2階
Tel.03-5319-4916 Fax.03-5319-4917
郵便振替 00120-8-142852
toiawase@hituzi.co.jp　http://www.hituzi.co.jp

ISBN978-4-89476-280-0　C1081

造本には充分注意しておりますが、落丁・乱丁などがございましたら、小社かお買上げ書店にておとりかえいたします。ご意見、ご感想など、小社までお寄せ下されば幸いです。

好評発売中

ガイドブック方言研究
小林隆・篠崎晃一編　1,800円+税

最近の方言研究の成果をふまえた方言学のテキスト。方言のしくみを扱った章を中心に、「テーマの設定」「調査の方法」「分析の方法」「参考文献」といった具体的な研究の手順を示している。『ガイドブック方言調査』の姉妹編。この2冊があれば、方言研究の研究方法と調査法の基礎を学ぶことができる。